Los Verdaderos Límites de la

Libertad Cristiana

☫

Samuel Bolton, D.D.

McAllen, Texas
www.editorialdoulos.com

Editorial Doulos
2024 N 10th St
McAllen, Texas 78501
www.editorialdoulos.com
editor@editorialdoulos.com

Originally published in English under the title *The True Bounds of Christian Freedom*. Scripture cited in the English version was from the King James (Authorized) Version. The Reina Valera 1960 is used in this translation.

Copyright © 2021
Traducido y Corregido por Glenn A. Martínez
All rights reserved.
ISBN-13: 978-1-953911-06-3

Editorial Doulos

Estudios de Dogmática Reformada

CONTENIDO

1. La verdadera libertad cristiana — 7
2. La Ley Moral: Una regla de conducta — 33
3. Ley y Gracia — 67
4. Castigo por el Pecado — 110
5. Cumplimiento del Deber — 135
6. Servidumbre Parcial — 157
7. Obediencia Interesada — 172
8. Obediencia a los Hombres — 230

Capítulo 1
La Verdadera Libertad Cristiana

Así que si el Hijo os libertare, seréis verdaderamente libres.

Como parte de sus sufrimientos, Cristo enfrentó la contradicción y la calumnia de los pecadores. Entre todos los capítulos de los evangelios, no hay otro que se iguale al capítulo 8 del Evangelio de Juan cuando se trata de los sufrimientos del Salvador en este respecto. A partir del versículo 12 hasta el final del capítulo se aprecia como los judíos opusieron su orgullo obstinado y su voluntad rebelde a la divina e infinita sabiduría de Jesucristo. Cada palabra que salía de la boca de nuestro Señor fue para ellos motivo de burla y ocasión de rencor – nada podría decir nuestro Señor que no fuera por ellos rechazada y rebatida. Pero, aun así, entre ellos hubo algunos en quienes la Palabra obró e hizo su función y estos creyeron. Es a estos a quienes Cristo se dirige, para advertirles y también para consolarles diciéndoles que, si ellos permanecieren en su Palabra, conocerían la verdad y la verdad les haría libres.

Cuando Jesús les haya dicho esto, los judíos (no los que creyeron en él como vemos en el versículo 37, sino los que lo quisieron matar) replicaron: "Nuestro padre es Abraham y nunca hemos sido esclavos de ningún hombre, ¿Cómo pues dices que somos libres?" Bien pudo haber nuestro Señor respondido a esta objeción señalándoles su cautiverio bajo los egipcios y los babilonios y su condición actual bajo los romanos, pero hace a un lado el asunto de su cautiverio político y les demuestra su esclavitud espiritual al pecado. "De cierto, de cierto os digo, que todo aquel que hace pecado, esclavo es del pecado". Y vosotros, dijo Jesús, hacéis pecado.

Después de haberles mostrado su condición pecaminosa presente, les comunica su ruina futura. Serán echados de la casa, aunque estaban ahora en la Iglesia de Dios. Como dice el apóstol, "echa fuera a la esclava y a su hijo" (Gl 4:30). Cristo comprueba esto haciendo una comparación entre el siervo y el hijo: "y el esclavo no queda en la casa para siempre; el hijo sí queda para siempre" (v. 35). Pero, aun así, no los entrega a su propia condena, sino que les muestra la forma de prevenirla, o sea, haciéndoles libres. Y luego de comunicarles la forma, les muestra el medio por el cual pueden obtener esta libertad – y ese medio es Cristo el mediador. Aunque la labor sea difícil, aquel que permanece en la casa para siempre – el Hijo – lo puede llevar a cabo porque "si el Hijo os libertare, seréis verdaderamente libres".

Ahora que hemos elucidado el contexto de este pasaje, enfoquémonos en el texto. En Jn 8:36 vemos una condición (si el Hijo os liberare) y una consecuencia (seréis verdaderamente libres). Permíteme señalar cuatro verdades específicas que se desprenden del versículo:

1. Se identifica un beneficio – la libertad (Si el Hijo os *liberare*)
2. Se expresa la cualidad de este beneficio – una libertad real y verdadera (*verdaderamente* libres)
3. Se identifican los receptores de este beneficio – los creyentes (Si el Hijo *os* liberare)
4. Se identifica el autor del beneficio – Cristo (Si el *Hijo* os liberare)

De esto podemos inferir cuatro conclusiones:

Primero, que el hombre por naturaleza está en una condición de esclavitud. Segundo, que algunos hombres en el estado de esclavitud son liberados. Tercero, que los que alcanzan la libertad son liberados por Cristo Jesús. Y cuarto, que todos aquellos que son liberados por Cristo son verdaderamente libres.

No pretendo hacer un estudio exhaustivo de la esclavitud del hombre en este ensayo. Aunque el tema de la esclavitud del hombre nos puede ayudar, a modo de comparación, para entender la libertad, mi propósito es de delinear un caso positivo de la libertad. Sin embargo, reconozco que de la misma manera que podemos aprender mucho acerca del cielo realizando un estudio del infierno también se puede llegar a comprender la excelencia de la libertad cristiana en contraste con la miseria de la esclavitud al pecado – una esclavitud universal, cruel y voluntaria.

A manera de contraste podemos ver que de la misma manera que el hombre no puede liberarse por sí mismo de la esclavitud del pecado, el hombre tampoco puede alcanzar la libertad independientemente del poder del Redentor.

Aunque no trataré más la doctrina de la esclavitud del hombre, señalaré ciertas aplicaciones con respecto a la doctrina más adelante. Me enfocaré ahora en los cuatro aspectos de la libertad que he enumerado y los resumiré en una afirmación doctrinal:

Que hay una libertad real y verdadera que Cristo ha pagado y que otorga a todos aquellos que son realmente creyentes.

Esta es la enseñanza de Jn 8:36. El texto nos señala la *naturaleza* de la libertad cristiana, la *cualidad* de la libertad cristiana y los *componentes* de la libertad cristiana.

La naturaleza de la libertad cristiana
Primero consideraremos la naturaleza de esta libertad.

Hay cuatro tipos de libertad – la natural, la política, la sensual y la espiritual. La libertad natural es la que se comparte con todas las cosas en la naturaleza, pero esta no es la libertad de la que se habla aquí. La libertad política concierne a la nación, el estado o el imperio. Esta es la libertad que los judíos pensaban que Jesús estaba hablando. Ellos eran simiente de Abraham y, por ende, eran libres. Pero Cristo no hablaba de este tipo de libertad. También hay una libertad corrupta y pecaminosa que conocemos como el libertinaje. A esta se refiere Pablo en Gl 5:13: "porque vosotros, hermanos, a libertad fuisteis llamados; solamente que no uséis la libertad como ocasión para la carne", o sea, como ocasión para pecar. Cosa temerosa es cuando el hombre hace de la gracia de Dios excusa para el pecado. A tales hombres se refiere Judas: "porque algunos hombres han entrado encubiertamente, los que desde antes habían sido destinados para esta condenación, hombres impíos, que convierten en libertinaje la gracia de nuestro Dios" (v. 4). Tal vez pensaban estos hombres: "abundemos en pecado porque Dios ha abundado en gracia" (Ro 6). Es una forma peligrosa de pensar y obviamente no pertenece a los hijos de Dios. También Pedro se refirió al mismo tipo de hombre: "como libres, pero no como los que tienen la libertad como pretexto para hacer lo malo, sino como siervos de Dios" (1 P 2:16). Es malvado pecar, pero mucho peor ocultar el pecado con la justicia y más aún el hacer de la libertad cristiana un manto para el pecado – ¡es lo más maldito! Hacer de la religión, de la verdad de Dios, de la libertad cristiana pagada a alto precio un pretexto u ocasión para el pecado es en sí un pecado temible. Pero no es de este tipo de libertad que Cristo habla aquí. Esta es nuestra esclavitud, no nuestra libertad como demostraré más adelante.

Nuestro texto nos habla de una libertad espiritual y celestial, una libertad pagada por Cristo, revelada en el evangelio y comunicada a los santos de Dios como el precioso dote de Cristo para su Iglesia y esposa. Cristo le ha dado dos grandes dones a su iglesia: la fe y la libertad cristianas. De la misma manera que hemos de contender ardientemente por la fe (Jud 3), también debemos contender por el mantenimiento de la libertad en contra de todos aquellos quienes lo quisieran oponer o abaratar: "estad pues firmes en la libertad con que Cristo nos hizo libres y no estéis otra vez sujetos al yugo de la esclavitud" (Gl 5:1). Muy parecido es esta exhortación del mismo apóstol: "por precio fuisteis comprados; no os hagáis esclavos de los hombres" (1 Co 7:23). Comentaré esta exhortación en mayor detalle más adelante.

La cualidad de la libertad cristiana

Nos ocuparemos ahora en describir la cualidad de la libertad cristiana. Hay una cualidad que se menciona en el texto y añadiré dos más. Primero, es una libertad auténtica, no una libertad fingida. Son demasiados quienes fingen ser libres pero que en realidad son esclavos. Pero la libertad cristiana no es fingida; es una libertad verdadera y real. Al que el Hijo hace libre, es libre en verdad. También es una libertad universal – una libertad que no nos deja en esclavitud parcial. La libertad cristiana libera al creyente de toda especie de esclavitud. Pero debemos tener cuidado de no considerar ninguna parte de nuestra libertad como una esclavitud ni de considerar nuestra esclavitud como libertad. Son muchos los que cometen este error. Estábamos en esclavitud a Satanás, al pecado, a la ley, a la ira, a la muerte y al infierno. Pero por la obra de Cristo hemos sido liberados de todo ello. La libertad que tenemos en nuestro Señor es una libertad universal; universal con respecto a la persona, el creyente; y también universal con respecto a todas sus partes. Hemos sido liberados de todo aquello que era parte de nuestra esclavitud; libres de Satanás, libres del pecado y libres de la ley.

Es además una libertad constante – el cristiano pasa del

estado de esclavitud al estado de libertad de forma duradera. Cuando el jubileo del Señor se proclama y se pronuncia en el alma del hombre, jamás volverá a la esclavitud. Nunca volverá a ser esclavo de Satanás. Esto lo podemos deducir de lo que dice Jesús en Jn 8:35: "y el esclavo no queda en la casa para siempre; el hijo si queda para siempre". El apóstol expresa la misma verdad en forma de alegoría cuando dice: "porque está escrito que Abraham tuvo dos hijos: uno de la esclava el otro de la libre" (Gl 4:22). Aquí el apóstol distingue entre aquellos que están bajo la ley y aquellos que están bajo el evangelio, los hijos de la esclava y los hijos de la libre, los herederos de la promesa y los siervos de la ley. El uno será echado fuera, dice Pablo. Asimismo, se expresa Jesús aquí: "el esclavo no queda en la casa para siempre", no la heredará, pero el Hijo permanece en la casa por siempre. Los hijos heredarán y gozarán de una libertad perpetua y jamás volverán a estar bajo esclavitud.

Los componentes de la libertad

Ahora consideraremos la tercera faceta de la libertad cristiana – sus componentes. Antes de ahondar en este tema, diré que la libertad tiene dos componentes. Primero, hay una libertad rudimentaria, o sea, la libertad de la que gozamos en nuestro peregrinar, la libertad en gracia. Segundo, hay una libertad consumada, o sea, la libertad que tenemos en la casa del Padre, la libertad en gloria. Nos enfocaremos en la primera – en la libertad rudimentaria.

La libertad en sus aspectos negativos
Podemos distinguir la libertad en sus aspectos positivos y en

sus aspectos negativos. Trataremos ahora de los aspectos negativos:

Libertad de Satanás

Para comenzar, observamos que los creyentes han sido liberados de Satanás. Cristo nos ha desgarrado de la mano de Satanás y nos ha dado libertad. Éramos reos de Satanás, encadenados por él, pero Cristo rompió las cadenas. Esta verdad se nos comunica a modo de parábola en el evangelio de Lucas: "Cuando el hombre fuerte armado guarda su palacio, en paz está lo que posee. Pero cuando viene otro más fuerte que él y le vence, le quita todas sus armas en que confiaba, y reparte el botín" (11:21-22). Y la misma verdad se expresa directamente en Heb 2:14-15: "Así que, por cuanto los hijos participaron de carne y sangre, él también participó de lo mismo, para destruir por medio de la muerte al que tenía el imperio de la muerte, esto es, al diablo, y librar a todos los que por el temor de la muerte estaban durante toda la vida sujetos a servidumbre".

Libertad del pecado

En segundo lugar, somos liberados del pecado, por lo que quiero decir la culpabilidad, la mancha y el dominio del pecado. Cristo se interpone entre nosotros y la ira de modo que ni un pecado puede condenarnos o traer ira sobre nosotros. "Ahora pues, ninguna condenación hay para los que están en Cristo Jesús, los que no andan conforme a la carne, sino conforme al Espíritu" (Ro 8:1). En el día que estemos traídos a juicio por el pecado, Cristo mismo tomará nuestro lugar. El que tiene un interés en él jamás será condenado por el pecado, pues Cristo ha satisfecho el justo salario del pecado. Los que son fundados en Cristo tienen en él la satisfacción de todos los requisitos de Dios y de su ley, como diría Johannes Piscator.

Dios no sería justo si requiriera de Cristo un pago, o mejor dicho el pago total, del pecado y además pidiera de nosotros algo a cambio de nuestra justificación. Esto es lo que Dios ha hecho por nosotros: "Todos nosotros nos descarriamos como ovejas, cada cual se apartó por su camino; mas Jehová cargó en él el pecado de todos nosotros" (Is 53:6). Y esto es lo que Cristo ha hecho por nosotros: "He aquí mi siervo, a quien he escogido; Mi Amado, en quien se agrada mi alma; Pondré mi Espíritu sobre él, Y a los gentiles anunciará juicio" (Mt 12:18). Y es precisamente por eso que el apóstol escribe: "que Dios estaba en Cristo reconciliando consigo al mundo, no tomándoles en cuenta a los hombres sus pecados, y nos encargó a nosotros la palabra de la reconciliación. Así que, somos embajadores en nombre de Cristo, como si Dios rogase por medio de nosotros; os rogamos en nombre de Cristo: Reconciliaos con Dios. Al que no conoció pecado, por nosotros lo hizo pecado, para que nosotros fuésemos hechos justicia de Dios en él" (2 Co 5:19-21). Dios se estaba pagando a sí mismo con la sangre, las calumnias y los sufrimientos de Cristo y con ello salda la deuda completamente. Es por eso por lo que Cristo dice: "Os conviene que yo me vaya; porque si no me fuera, el Consolador no vendría a vosotros; mas si me fuere, os lo enviaré. Y cuando él venga, convencerá al mundo de pecado, de justicia y de juicio. De pecado, por cuanto no creen en mí; de justicia, por cuanto voy al Padre, y no me veréis más" (Jn 16:7-10). Jesús les estaba diciendo a sus discípulos que ya no lo verían de esa forma. Ya no lo volverían a ver como el siervo sufriente, como la satisfacción de Dios por el pecado. Había completado esa obra. De hecho, si Cristo no hubiera satisfecho la justicia ciertamente lo volveríamos a ver. Si la culpabilidad de tan solo un pecado hubiera permanecido, Jesús habría permanecido bajo el dominio de la tumba y en la atadura de la muerte por siempre. No hubiera resucitado, ni mucho menos habría ascendido al Padre si no fuera que satisficiera por completo el saldo de la justicia. Es por eso por lo que el apóstol presenta este desafío: "¿Quién acusará a los escogidos de Dios? Dios es el que justifica. ¿Quién es el que condenará? Cristo es el que murió; más aun, el que también resucitó, el que además está a la diestra de Dios, el que también intercede por nosotros" (Ro 8:33-34). No pregunta ¿quién acusará? sino ¿quién condenará? Ciertamente tenemos hartos acusadores – el pecado, Satanás, la conciencia – pero ni uno de ellos puede condenar. El asunto de nuestra vida y muerte no está en sus manos. Y de la misma manera que ni uno de nuestros pecados nos puede condenar, así también, ninguno de nuestros pecados nos colocará ya más en el estado de condenación bajo la maldición y la ira.

Asimismo, no hay pecado que puede traer sobre nosotros las consecuencias de la ira divina. Hemos sido liberados de las miserias, las calamidades, las aflicciones y los castigos que son el fruto del pecado. Si se quita la sustancia, la sombra también desaparece. El pecado es la sustancia, el castigo es la sombra. Si quitares el pecado, también desaparecerá el castigo. Todas las dispensaciones de Dios son misericordia.

Hay consenso de que los castigos eternos no pueden venir sobre aquellos que Cristo ha liberado del pecado, aquellos quienes han sido justificados. Los creyentes son liberados de los castigos eternos. No hay nada en la naturaleza de la ira divina que los pueda tocar.

Reconozco, sin embargo, que Dios aflige a aquellos a quienes perdona, pero hay una gran diferencia con respecto a la mano de la que procede la aflicción, la persona que padece la aflicción, la razón por la aflicción y los propósitos de Dios al enviar la aflicción. Así lo mostraré más adelante.

Queda claro que en la medida que las aflicciones son parte de la maldición del pecado, Dios no aflige ni puede afligir a su pueblo por causa del pecado. Dios tampoco aflige a su pueblo por el pecado como si la aflicción fuera un pago o una satisfacción por el pecado, como si la justicia no hubiera sido satisfecha totalmente por Cristo; como si Cristo hubiese dejado un saldo sin liquidar. Los Católico Romanos dicen esto y por eso requieren penitencias y se castigan a sí mismos, pero nosotros no creemos así.

Repito que en la medida que las aflicciones son el fruto entero del pecado, Dios no aflige a su pueblo. Las aflicciones sobre los incrédulos, por otra parte, son penales, parte de la maldición. No hay propiedades medicinales en ellos. Son el efecto de la justicia y no de la misericordia del Padre. Pero las aflicciones que sobrevienen al pueblo de Dios tienen una propiedad curativa, son medicina para el malestar del pecado.

Por ende, si hablásemos del castigo eterno, espiritual o temporal, Cristo ha liberado al creyente de toda suerte de castigo: del castigo eterno como la ira que merece el pecado, del castigo espiritual relacionado con el eterno y del castigo temporal en su relación con el eterno y el espiritual y en la medida que contenga siquiera una pisca de la ira de Dios.

Dios trata con su pueblo en amor. El fundamento de su trato con nosotros es el amor (aunque la ocasión de ese trato sea el pecado). La manera de su trato y el propósito de su trato provienen igualmente de amor. Cuando Dios trata con nosotros, sus propósitos son propósitos de bien, propósitos de hacernos partícipes de su santidad y herederos de la gloria venidera en Cristo.

Pero no es así con respecto al trato de Dios con el incrédulo. El fundamento, la manera y el propósito del trato de Dios con el incrédulo no es el amor. Su trato con ellos parte de la maldición del pecado y el resultado de los pecados reales que rigen sus vidas. Cristo ha liberado al creyente del dominio del pecado: "Porque el pecado no se enseñoreará de vosotros". ¿Por qué? "Pues no estáis bajo la ley, sino bajo la gracia" (Ro 6:14). De hecho, cuando estábamos bajo ley, el pecado tenía el dominio completo sobre nosotros. No es que tenía posesión de nosotros, sino que era nuestro señor. Y ese reino del pecado era voluntario, una sujeción libre y renuncia de nosotros mismos a las mociones y al servicio del pecado. Y por ello fuimos llevados por el viento a los pozos más profundos de la maldad. Fuimos consumidos por el poder de la lujuria y las inclinaciones viles. Pero ahora, bajo la gracia, en el pacto de gracia, y teniendo un interés, una porción de Cristo y habiendo sido liberados por él, hemos sido liberados del dominio y del poder del pecado.

Aún existe la presencia del pecado, aunque su poder haya sido aminorado. Las inclinaciones y las obras de la corrupción están presentes en nosotros. Y esto a menudo nos causa tristeza. Sin embargo, Cristo nos ha liberado del dominio, el poder absoluto del pecado en nuestras vidas. Puede haber la turbulencia del pecado, pero no la prevalencia del pecado. Puede haber la inclinación al pecado, pero no la sumisión total al pecado. Se dice que el Imperio Romano se preocupa más cuando el pueblo de Cartago estaba medio destruido que cuando estaba completamente arrasado. Así es con el creyente que resiente más la presencia del pecado cuando haya sido ya conquistado que cuando era señor. El pecado aun obra, pero está limitado en su operación. Son más bien operaciones para la vida y no operaciones que nos roban de vida. No son obras desenfrenadas como antes. El pecado está bajo sujeción. A veces puede tomar ventaja y tiranizar el alma, pero jamás será soberano. Digo que puede ascender al trono del corazón y fingirse tirano en este o aquel pecado particular pero jamás será verdaderamente rey. Su reino se ha acabado; ya nunca más rendirás obediencia voluntaria al pecado. El pecado ha sido conquistado, aunque todavía está presente.

San Agustín describió al hombre bajo cuatro condiciones. Antes de la ley, no luchaba en contra del pecado. Bajo la ley, luchaba, pero era vencido. Bajo la gracia, luchaba y era victorioso. Pero en el cielo todo es conquista y ya no hay lucha. Pero de este lado del cielo, nuestro gozo es la conquista del pecado por medio de la gracia en una lucha diaria. Luchamos y somos victoriosos. El pecado nunca más tendrá dominio. Aquellos pecados que antes reinaban ahora son cautivos; los que estaban en el trono, ahora están en cadenas. ¡Qué misericordia tan grande! Los incrédulos se encuentran bajo el mando autoritario de cada pasión, de cada lujuria; cada pecado tiene domino sobre ellos; cada tentación conquista. Un corazón pecaminoso da la bienvenida a cada pecado que llega a su puerta; se entrega a cada pecado con deleite y placer.

Pero el creyente ha sido liberado del dominio del pecado. Su poder ha sido quebrantado. El pecado ha sido vencido en el entendimiento, en la voluntad y en los afectos. Sus obras han sido heridas. ¡Oh creyente, jamás serás esclavo del pecado! El pecado puede cautivarnos, pero no puede enseñorearse sobre nosotros. El pecado puede tiranizar, pero nunca puede reinar. El reino del pecado describe un alma bajo el poder del pecado y en un estado de pecado. Pero en nosotros el pecado no vive, sino que muere. Un hombre enfermo y desahuciado se está muriendo, no está viviendo; vivir quiere decir crecer en fortaleza, pero el pecado no da fortaleza. El estado de pecado es un estado de corrosión – un morir a diario.

El pecado está muerto judicialmente; Cristo ha emitido su sentencia. Cristo ha condenado el pecado en la carne (Ro 8:3). El pecado recibió el golpe de muerte en la muerte de Cristo. Y el pecado está ahora muriéndose. Así como en la casa de Saúl, el pecado disminuye cada día. Pero hay que observar que Dios ha elegido dar al pecado una muerte permanente, una muerte en la cruz, y esto lo ha elegido para el mayor castigo del pecado para que muriera de forma gradual. Pero no solo eso, sino que el pecado muere gradualmente en el creyente para humillar más a los santos, para que se ejerciten en la oración y para que se fortalezcan en la fe. El pecado remanente le sirve al creyente para ejercitar su fe para el rompimiento diario del poder del pecado y de la corrupción que permanece en ellos.

Libertad de la ley
Cristo nos ha liberado de la ley; esto es otro componente de nuestra libertad en Cristo. "Pero ahora estamos libres de la ley, por haber muerto para aquella en que estábamos sujetos, de modo que sirvamos bajo el régimen nuevo del Espíritu y no bajo el régimen viejo de la letra" (Ro 7:6). "Porque yo por la ley soy muerto para la ley, a fin de vivir para Dios" (Gl 2:19). "Pero si sois guiados por el Espíritu, no estáis bajo la ley" (Gl 5:18). "Porque el pecado no se enseñoreará de vosotros; pues no estáis bajo la ley, sino bajo la gracia" (Ro 6:14). Este es, pues, otro componente de nuestra libertad en Cristo: somos liberados de la ley.

Consideraremos ahora esta faceta de nuestra libertad.

Hemos sido liberados de la ley ceremonial que era un yugo que ni nuestros padres ni nosotros podíamos soportar (Hch 15:10). Pero esta es solo una pequeña parte de nuestra libertad.

(1) Libertad de la ley como pacto
Hemos sido liberados de la ley moral: liberados de la ley moral como un pacto. Somos liberados de la obediencia a la ley moral a cambio de la vida. Esto es lo que significa ser liberados de la ley moral como un pacto.

La ley puede considerarse como una regla o como un pacto. Cuando leemos que la ley sigue en pie, hemos de entender que la ley permanece como regla y no como pacto. Y también cuando leemos que la ley ha sido abrogada y que hemos sido liberados de la ley, debemos entender que la ley abrogada es la ley como pacto. Pero con todo esto aún no hemos especificado lo que es un pacto. El autor de Hebreos habla de un viejo pacto (Heb 8:13) del cual hemos sido liberados. Este viejo pacto no podía darnos vida y ahora no puede tampoco conducirnos a la muerte. Somos muertos al viejo pacto y el viejo pacto es muerto a nosotros. Leemos en Ro 7:1-3, "¿Acaso ignoráis, hermanos (pues hablo con los que conocen la ley), que la ley se enseñorea del hombre entre tanto que éste vive? Porque la mujer casada está sujeta por la ley al marido mientras éste vive; pero si el marido muere, ella queda libre de la ley del marido. Así que, si en vida del marido se uniere a otro varón, será llamada adúltera; pero si su marido muriere, es libre de esa ley, de tal manera que, si se uniere a otro marido, no será adúltera". Entre otras posibles interpretaciones, yo opto por la que sigue: la ley es el esposo; estamos bajo el dominio de la ley en la medida que buscamos la justificación y la salvación en la ley. Y hasta que la ley como pacto o esposo haya muerto, seguiremos bajo su dominio y no buscaremos la justificación y la salvación en ninguna otra parte. Hasta que ley nos mate y estamos muertos para con la ley, buscaremos el mérito de obedecerla. Pero una vez que la ley nos haya matado, una vez que nos haya mostrado que al obedecerla no merecemos nada, en ese momento buscaremos nuestra justificación y salvación en Cristo.

Tal fue el caso con el apóstol. En un momento pensó que su obediencia a las obras de la ley lo salvarían. Dice: "Y yo sin la ley vivía en un tiempo; pero venido el mandamiento, el pecado revivió y yo morí. Y hallé que el mismo mandamiento que era para vida, a mí me resultó para muerte" (Ro 7:9-10). O sea, Pablo descubrió que la ley no le daba vida, sino que lo encaminaba a la muerte. Y por eso dice: "porque el pecado, tomando ocasión por el mandamiento, me engañó, y por él me mató" (Ro 7:11). La ley se le apareció con un poder esclarecedor, convincente, acusador y condenador; la ley lo arrasó y lo mató. No hay nada en la ley, la ley como pacto, que se puede esperar. Entonces, el apóstol sabía que la ley no le podía dar nada y de la misma manera él estaba muerto a la ley. Por eso dice: "Porque yo por la ley soy muerto para la ley, a fin de vivir para Dios" (Gl 2:19).

Y de esta manera hemos sido liberados de la ley como un pacto. Ahora pasaremos a considerar otras facetas de nuestra libertad de la ley; en particular, consideraremos nuestra liberación de la maldición de la ley.

(2) Libertad de la maldición de la ley

La ley requiere dos cosas de aquellos que están en sujeción a ella: o bien obedecen sus preceptos, lo cual es imposible lograr con la rigidez que la ley demanda (Gl 3), o bien sufren las consecuencias de la ley, los cuales son insoportables. Es en este triste dilema que se encuentran los que están bajo la ley como un pacto: están condenados y bajo la ira de Dios (Jn 3:18 y 36). Los incrédulos forzosamente están bajo las maldiciones de la ley.

Pero los creyentes han sido liberados de la ley como un pacto de vida y muerte. Por eso también han sido liberados de las maldiciones de la ley. La ley ya no tiene nada que ver con ellos con respecto a su estado y condición eterna. Por eso dice el apóstol: "ahora, pues, ninguna condenación hay para los que están en Cristo Jesús" (Ro 8:1), o sea, no hay condenación para aquellos que no están bajo la ley. Si estuviéramos bajo la ley como pacto, la condenación estaría a la puerta y nuestra suerte no sería otra cosa que condenación. Aunque la ley no nos puede salvar, sí nos puede condenar. No puede derramar bendición, pero sí puede azotar con maldición: "Porque todos los que dependen de las obras de la ley están bajo maldición, pues escrito está: Maldito todo aquel que no permaneciere en todas las cosas escritas en el libro de la ley, para hacerlas" (Gl 3:10). No es posible que el hombre obedezca la ley perfectamente y por eso está siempre bajo maldición. La ley nos puede condenar, pero no nos puede salvar.

Cristo nos ha liberado de las maldiciones de la ley, pues él mismo recibió toda la maldición que nos correspondía a nosotros. "Cristo nos redimió de la maldición de la ley, hecho por nosotros maldición (porque está escrito: Maldito todo el que es colgado en un madero)" (Gl 3:13). El apóstol no dice que Jesús recibió la maldición, sino que él mismo se hizo maldición a nuestro favor. Este es otro beneficio que fluye de la obra de Cristo. El creyente es liberado de la ley como un pacto y así de la maldición de la ley. La ley no lo puede enjuiciar, no lo puede condenar. El cristiano no es enjuiciado en el tribunal de la ley. Cristo ha satisfecho totalmente la ley.

Este privilegio nos pertenece no solo en el presente, sino que perdura para siempre. Aunque el creyente puede caer en pecado, la ley no puede pronunciar su maldición sobre él, porque no está bajo la ley y ha sido liberado de su maldición. No tememos ya el fallo condenatorio de la ley, pues hemos sido liberado de su maldición. El apóstol dice: "anulando el acta de los decretos que había contra nosotros, que nos era contraria, quitándola de en medio y clavándola en la cruz" (Col 2:14). Por "el acta de los decretos" me parece que no se refiere únicamente a la ley ceremonial sino a la ley moral también, al menos en la medida que estaba en nuestra contra y que nos ataba a la maldición.

Podemos observar aquí los pasos que el apóstol identifica: Cristo anula la ley – la clava a la cruz. Cristo hace trizas de la ley de modo que la ley jamás puede hacer reclamo alguno en contra del creyente. En contra de los creyentes, como dice el apóstol, no hay ley. No hay ley que les justifique ni tampoco hay ley que les condene.

Reconocemos cinco razones por las cuales la ley no puede condenar al creyente: 1) porque el tribunal mismo de la ley ya ha sido condenado – sus maldiciones, sus juicios y sus sentencias no son válidas; 2) porque el tribunal no tiene jurisdicción sobre el creyente; 3) porque el creyente no está sujeto a su condenación – el creyente está bajo la guía y la dirección de la ley pero no bajo sus maldiciones; 4) porque Cristo fue condenado por la ley para que nosotros fuésemos liberados; 5) porque el tribunal de Cristo es superior al tribunal de la ley, o sea, el tribunal de la ley apela al tribunal de Cristo y no vice versa – así lo vemos con el publicano de Lc 18:13-14: "Mas el publicano, estando lejos, no quería ni aun alzar los ojos al cielo, sino que se golpeaba el pecho, diciendo: Dios, sé propicio a mí, pecador. Os digo que éste descendió a su casa justificado antes que el otro; porque cualquiera que se enaltece, será humillado; y el que se humilla será enaltecido."

Apelaciones verdaderas y falsas al tribunal de la Ley
De hecho, hay muchos que hacen apelaciones falsas al tribunal de la ley. Apelan tanto al tribunal de Cristo como al tribunal de la ley. Confían en parte en Cristo y en parte en sí mismos. Apelan a Cristo para la salvación y a sus propios esfuerzos para la santificación. Esto es erróneo. Tenemos que apelar primero a la ley para ver nuestra condena y nuestra miseria y luego a Cristo para hallar oportuno socorro – esto es lo que vemos con el publicano. Noten los tres pasos en la justificación del publicano – 1) estuvo lejos, 2) no alzaba los ojos, 3) se golpea el pecho, y 4) clama por misericordia.

En resumen, pues, necesitamos apelar totalmente a Cristo. No venimos a Cristo para un remedio a medias – venimos a él para el remedio total. Todo se lo debemos a Cristo. También debemos apelar tanto por la gracia que por la misericordia, para la santificación y para la salvación. Si vamos a Cristo para ser felices (salvos) también vamos a él para ser santos (santificados). En tercer lugar, la apelación a Cristo debe ser la apelación de un hombre humillado, quebrantado por la ley. No podemos apelar a Cristo a menos que hayamos sido condenados por Moisés. "¿Qué, pues? ¿Somos nosotros mejores que ellos? En ninguna manera; pues ya hemos acusado a judíos y a gentiles, que todos están bajo pecado. Como está escrito: No hay justo, ni aun uno; No hay quien entienda, No hay quien busque a Dios" (Ro 3:9-11).

Es únicamente cuando la ley nos ha acusado y sentenciado, cuando ha detenido nuestra boca y vemos nuestra propia culpabilidad que el pecador hace su apelación al tribunal de Cristo el Salvador. Y una vez que haya apelado a Cristo, la ley ya no tiene nada que ver con él, no está bajo sentencia, ni es preso por las penalidades de la ley; está fuera del alcance de la ley. La ley ya no lo puede condenar pues ha corrido a Cristo y en él ha encontrado dulce refugio.

Que privilegio nos es estar liberados de las maldiciones y las penalidades de la ley – si la ley amenaza, Cristo promete; si la ley maldice, Cristo bendice. Es un alto privilegio. Si Dios dejare tan solo una chispa de su ira justa por nuestros pecados cayera sobre nosotros, entenderíamos entonces la inmensa misericordia de nuestra liberación.

(3) Libertad de las acusaciones de la ley
Pero ahora consideraremos la libertad que ha obtenido el creyente de las acusaciones de la ley. "¿Quién acusará a los escogidos de Dios?" pregunta el apóstol. Nos parece extraño que Pablo nos instara a pensar en los acusadores. Hay varios acusadores del creyente:

Satanás está presto para acusar al creyente. Es llamado "el acusador de nuestros hermanos" (Ap. 12:10). Es el gran calumniador, siempre acusando a los santos. A veces incluso acusa a Dios como en el caso de nuestros primeros padres cuando acusó a Dios de envidia a sus criaturas – como si hubiera prohibido comer del árbol para que el hombre no fuera demasiado sabio. Es la práctica común del diablo menospreciar la misericordia o la justicia de Dios ante el hombre.

Los hombres malvados también acusan al creyente. A veces, nos acusan justamente por pecados cometidos, aunque perdonados, y así demuestra su malicia y falta de amor en no perdonar lo que Dios ha perdonado. A veces nos acusan injustamente, confrontándonos con cargos falsos como fue el caso de la esposa de Potifar quien acusó a José. David y Daniel también dicen que los hombres malos los acusaban sin razón. Pero nadie puede acusar a los hijos de Dios.

Pero no solo es Satanás y los hombres malvados quienes acusan, sino que también nos acusa nuestra propia consciencia. La consciencia nos puede acusar justa o injustamente. En el primer caso, hemos de escuchar a la consciencia. Los hermanos de José fueron acusados por sus propias consciencias debido a sus obras despiadadas. David, por igual, fue quebrantado por su propia consciencia. Pero otras veces la consciencia nos acusa injustamente. En algunos casos es una consciencia errónea a la que debemos hacer caso omiso. En otras ocasiones es una consciencia que aviva viejos pecados que ya han sido perdonados. Estas acusaciones no deben perturbar el alma, pues cuando la consciencia condena, Dios es mayor que la consciencia para absolvernos.

Pero hay un cuarto acusador del creyente y este acusador es la ley. Antes de la fe, estamos bajo la ley y estamos sujetos a sus acusaciones, a sus juicios y a sus sentencias. La ley no solamente nos acusa, sino que nos condena. Pero para los que están en fe y tienen un interés en Cristo, la ley no los puede acusar pues por gracia han sido perdonados y la acusación de la ley resulta inválida. Cuando el tribunal de la ley envía sus funcionarios para arrestarnos y enjuiciarnos, nosotros acudimos al tribunal de Cristo – allí seremos enjuiciados por el evangelio. Si el pueblo de Dios, cuando haya pecado, acude al tribunal apropiado, encontrará tristeza por el pecado y aseguranza de perdón.

Cuando digo que somos liberados de la ley me refiero a las acusaciones que son subordinados a la condenación. Hay dos tipos de acusaciones: las acusaciones que conducen a la convicción y a la humillación por el pecado y las acusaciones que conducen a una sentencia y una condenación por el pecado. Todas las acusaciones de la ley, para aquellos que están bajo la ley como pacto, son del segundo tipo. Pero para los que están en Cristo, las acusaciones son del primer tipo – están subordinadas a la vida y a la salvación. Entonces, diré que la ley puede condenar a los que están libres en Cristo, pero solo para mostrarles que tan cortos quedan de la gloria de Dios y que tanto se han extraviado de los caminos de justicia – la acusación de la ley del hijo de Dios es para humillación y no para condenación.

(4) Libertad del rigor de la ley

En cuarto lugar, el creyente es liberado del rigor de obediencia que la ley requiere. No está liberado del requisito de obediencia sino del rigor de obediencia que la ley requiere como condición de salvación.

En primer lugar, el rigor de obediencia que la ley exige no es solo difícil, sino que es imposible. Es un yugo impuesto sobre nosotros que no podíamos soportar. Pero bajo el evangelio somos liberados de la imposibilidad y todas las cosas son posibles, no con respecto a nosotros mismos sino con respecto a Dios que ha obrado todo en y por nosotros. Sin Cristo nada podemos hacer (Jn 15:5) pero en Cristo podemos hacer todas las cosas (Flp 4:13). Tanto el cristiano fuerte como el cristiano débil tienen el poder de Cristo y su Espíritu para ayudarles. Las obras de la ley pueden resultar difícil por divina imposición, pero resultan ligeros en Cristo.

En segundo lugar, el rigor de obediencia nos requiere obediencia personal. No podemos obrar por otro ni nadie puede obrar por nosotros. Hemos sido ahora liberados de ese rigor ya que Dios acepta la obediencia de otro, o sea, de Cristo Jesús en nuestro lugar. Teníamos para con Dios una deuda doble – la deuda del pecado y la deuda del servicio. Ambas deudas fueron transferidas a Cristo y él ha cumplido toda justicia por nosotros – en la obediencia y en el sufrimiento – de modo que ahora somos completos en él (Col 2:10) aunque en nosotros mismos somos imperfectos.

En tercer lugar, el rigor de obediencia de la ley es universal y actual – de manera que si un hombre fallara en lo más mínimo de la ley fallaba en todo. Pero en el evangelio este rigor ha desaparecido. En el evangelio, Dios acepta afecto por acción, intención por cumplimiento, deseo por capacidad. El cristiano consiste en deseos, ruegos, hambre y sed de justicia – y el evangelio perfecciona todas estas imperfecciones.

En cuarto y último lugar, el rigor de la ley apremia a la consciencia con amenazas y terrores; pero ahora el evangelio se nos presenta en amor y en súplica (Ro 12:1). En el evangelio el espíritu no es uno de esclavitud sino uno de poder y de amor (Ro 8:15; 2 Ti 1:7) La ley requiere obediencia a consecuencia de la muerte eterna (Dt 27:14-26; Gl 3:10) y cumple sus demandas con terror. El evangelio, por lo contrario, cumple sus demandas con dulzura y amor; todo terror se ha quitado. Es el amor de Cristo que nos mueve (2 Co 5:14). No hay nada más poderoso que el amor.

(5) Libertad de la obediencia a los hombres

En seguida observamos que el cristiano no solo ha sido liberado de Satanás, del pecado, y de la ley, sino que ha sido liberado también de la obediencia a los hombres. No tenemos a nadie que se enseñorea sobre nosotros; los hombres son nuestros hermanos; y Cristo es nuestro Señor y Maestro en los cielos. Vemos en la Palabra un doble mandamiento: no nos debemos enseñorear sobre otros (Mt 23:8-10) y no debemos entrar en servidumbre (1 Co 7:23). Hay dos tipos de amos – amos según la carne y amos según el espíritu. A los amos según la carne, los debemos obedecer (Ef 6:5-7). En cuanto a los amos según el espíritu, solo hay uno – nuestro Señor Jesucristo. Nuestras almas y nuestras consciencias no deben estar bajo el dominio de ningún hombre – pues Cristo es el Señor de la consciencia. Entregar nuestras almas y consciencias a un hombre es atentar en contra de la prerrogativa real de Cristo.

La libertad en sus aspectos positivos
Hasta aquí he hablado de los aspectos negativos de la libertad cristiana. Ahora hablaré brevemente de los aspectos positivos de este asunto.

1) Somos liberados de un estado de ira y entregados a un estado de misericordia y favor (Ef 2:1-10)
2) Somos liberados de un estado de condenación y entregados a un estado de justificación (Ro 8:1)
3) Somos liberados de un estado de enemistad y entregados a un estado de amistad (Col 1:21)
4) Somos liberados de un estado de muerte y entregados a un estado de vida (Ef 2:1)
5) Somos liberados de un estado de pecado y entregados a un estado de servicio (Lc 1:74)
6) Somos liberados de un estado de esclavitud y entregados a un estado de libertad en servicio como hijos de Dios
7) Somos liberados de la muerte y del infierno y entregados a la vida y a la gloria

Capítulo 2
La Ley Moral: Una Regla de Conducta

Pregunta I: ¿Son liberados los cristianos de la ley moral como una regla de conducta?

Nuestro texto (Jn 8:36) es la base principal sobre la que fundamos la doctrina de la libertad cristiana. Pero muchos se han esforzado por fundarla en base a estructuras inventadas, estructuras de paja que son incapaces de soportar el edificio. De hecho, hay tantas opiniones diversas sobre esta doctrina que considero mi gran labor reivindicar una doctrina tan excelente como ésta - la verdadera libertad cristiana - de esas falsas, y, me atrevo a decir, licenciosas opiniones con las que se ha asociado. Es mi intención demostrar que ni esta doctrina, ni este texto, permitirá ni la aceptación ni la aportación que estas posiciones y opiniones intentan promulgar.

La labor es inmensa, ya que me propongo a desatar algunos de los nudos más enredados en la parte práctica de la divinidad. Me baso únicamente en las Sagradas Escrituras para hacerlo. Cuanto más intensa sea la labor, más necesidad tendré de sus oraciones, que el Padre de las luces alumbre nuestro camino, que por su propia luz nos oriente y nos guíe en los caminos de toda verdad. Con esta confianza nos aventuraremos a lanzarnos a estas profundidades, y comenzaremos el examen y el juicio de aquellas doctrinas que se deducen de este texto, y que pretenden basarse en él. La primera doctrina, y la principal, que parece fundamentarse en este texto es que los creyentes son liberados de la ley. Y esta será la primera pregunta que examinaremos.

En respuesta a esta pregunta debemos confesar que no estamos sin algunos pasajes de la Escritura que declaran que la ley ha sido abrogada y otros que hablan del vigor perpetuo de la ley. Consideraremos algunos de estos pasajes. Empezaremos con aquellos que parecen hablar de la abrogación de la ley.

Jeremías 31:31-33: "He aquí que vienen días, dice Jehová, en los cuales haré nuevo pacto con la casa de Israel y con la casa de Judá. No como el pacto que hice con sus padres el día que tomé su mano para sacarlos de la tierra de Egipto; porque ellos invalidaron mi pacto, aunque fui yo un marido para ellos, dice Jehová. Pero este es el pacto que haré con la casa de Israel después de aquellos días, dice Jehová: Daré mi ley en su mente, y la escribiré en su corazón; y yo seré a ellos por Dios, y ellos me serán por pueblo. Y no enseñará más ninguno a su prójimo, ni ninguno a su hermano, diciendo: Conoce a Jehová; porque todos me conocerán, desde el más pequeño de ellos hasta el más grande, dice Jehová; porque perdonaré la maldad de ellos, y no me acordaré más de su pecado".

Romanos 7:1-3: "¿Acaso ignoráis, hermanos (pues hablo con los que conocen la ley), que la ley se enseñorea del hombre entre tanto que éste vive? Porque la mujer casada está sujeta por la ley al marido mientras éste vive; pero si el marido muere, ella queda libre de la ley del marido. Así que, si en vida del marido se uniere a otro varón, será llamada adúltera; pero si su marido muriere, es libre de esa ley, de tal manera que si se uniere a otro marido, no será adúltera."

El versículo 7 ("¿Qué diremos, pues? ¿La ley es pecado? En ninguna manera. Pero yo no conocí el pecado sino por la ley; porque tampoco conociera la codicia, si la ley no dijera: No codiciarás") comprueba que aquí el apóstol se refiere a la ley moral. Los creyentes son liberados de ella. Ver también Ro 6:14: ("Porque el pecado no se enseñoreará de vosotros; pues no estáis bajo la ley, sino bajo la gracia") y Gl 3:19 ("Entonces, ¿para qué sirve la ley? Fue añadida a causa de las transgresiones, hasta que viniese la simiente a quien fue hecha la promesa; y fue ordenada por medio de ángeles en mano de un mediador"); Gl 4:4-5, ("Pero cuando vino el cumplimiento del tiempo, Dios envió a su Hijo, nacido de mujer y nacido bajo la ley, para que redimiese a los que estaban bajo la ley, a fin de que recibiésemos la adopción de hijos"); Ro 8:2 ("Porque la ley del Espíritu de vida en Cristo Jesús me ha librado de la ley del pecado y de la muerte"); Gl 5:18, ("Pero si sois guiados por el Espíritu, no estáis bajo la ley"); Ro 10:4 ("porque el fin de la ley es Cristo, para justicia a todo aquel que cree"); 1 Ti 1:8-10 ("Pero sabemos que la ley es buena, si uno la usa legítimamente; conociendo esto, que la ley no fue dada para el justo, sino para los transgresores y desobedientes, para los impíos y pecadores, para los irreverentes y profanos, para los parricidas y matricidas, para los homicidas, para los fornicarios, para los sodomitas, para los secuestradores, para los mentirosos y perjuros, y para cuanto se oponga a la sana doctrina").

Por lo tanto, parece haber mucha fuerza en la Escritura para probar la abrogación de la ley – que estamos muertos a la ley, liberados de la ley, ya no sometidos a la ley. Estas Escrituras las trataremos después. Por el momento, únicamente las cito, para que se vea con qué fuerza parecen sostener las Escrituras la primera opinión, es decir, la abrogación de la ley.

Por otro lado, hay algunas Escrituras que parecen sostener que la ley sigue en vigor. Algunos parecen apoyar la obligación de la ley, así como los otros la abrogación de esta. Así, Ro 3:31 ("¿Luego por la fe invalidamos la ley? En ninguna manera, sino que confirmamos la ley"). Esto parece ser contrario a lo anterior; los versículos anteriores parecen hablar de la abrogación, pero este del establecimiento o la obligación de la ley. Así también, Mt 5:17-18 ("No penséis que he venido para abrogar la ley o los profetas; no he venido para abrogar, sino para cumplir. Porque de cierto os digo que hasta que pasen el cielo y la tierra, ni una jota ni una tilde pasará de la ley, hasta que todo se haya cumplido"). Sobre esta variedad de textos, se han basado diversas opiniones tanto para la abrogación como para la obligación de la ley. No cabe duda de que las Escrituras hablan la verdad en cada instancia; la Biblia es la palabra de verdad; y aunque parece fungir aquí como acusador de Cristo, si somos capaces de captar su significado, las encontraremos como Natán y Betsabé – ambas hablando una misma cosa.

Para discernir la verdad en medio de esta aparente contradicción, y con el propósito de responder a la pregunta, para no luchar en contra del aire y desgastarnos a nosotros mismos sin motivo, será necesario hacer dos preguntas:

1) ¿Qué significa la palabra "ley"?
2) ¿En qué sentido se usa la palabra en las Escrituras?

Una vez que hayamos contestado estas dos preguntas, abriremos un camino hacia la verdad.

Los usos bíblicos de la palabra "Ley"
¿Qué significa la palabra "ley"? La palabra que se usa con frecuencia para "la ley" en el Antiguo Testamento es Torá. Esta se deriva de otra palabra que significa "lanzar dardos", y conlleva el sentido de "enseñar, instruir, amonestar"; por lo tanto, se utiliza para cualquier doctrina o instrucción que nos enseñe, nos informe o nos dirija. Por ejemplo, en Pr 13:14 "La ley del sabio es manantial de vida para apartarse de los lazos de la muerte". Aquí la "ley" expresa un sentido amplio para referirse a cualquier doctrina o dirección que procede de los sabios; así también, en Pr 3:1 y 4:2. En el Nuevo Testamento la palabra "ley" se deriva de otra palabra que significa "distribuir", porque la ley distribuye, o entrega a Dios y al hombre sus deudas.

En resumen, esta palabra "ley", en su significado natural

tanto en el Antiguo como en el Nuevo Testamento, significa una doctrina, instrucción, ley, ordenanza o estatuto, divino o humano, que enseña, dirige, ordena o ata a los hombres a cualquier deber que corresponde a Dios o al hombre. Basta con eso para responder a la primera pregunta.

Ahora, ¿en qué sentidos se usa esta palabra "ley" en las Escrituras? No molestaré al lector con todos los usos de la palabra, sino que me limitaré al uso principal.

A veces se usa para referirse a las Escrituras del Antiguo Testamento, los libros de Moisés, los Salmos y los Profetas. De esa manera lo entendieron los judíos en Jn 12:34 "Le respondió la gente: Nosotros hemos oído de la ley, que el Cristo permanece para siempre". Así también en Jn 15:25 "Pero esto es para que se cumpla la palabra que está escrita en su ley: Sin causa me aborrecieron" (cf Sal 35:19). Del mismo modo, tenemos 1 Co 14:21: "En la ley está escrito", donde el apóstol repite las palabras de Is 28:11, y dice que están escritos en la ley.

El término "ley" a veces se usa con referencia a toda la Palabra de Dios, sus promesas y preceptos, como en Sal 19:7 "La ley de Jehová es perfecta, que convierte el alma; El testimonio de Jehová es fiel, que hace sabio al sencillo". La conversión es el fruto de la promesa. Ni la justificación ni la santificación son el fruto de la ley solamente. La ley ordena, pero no da gracia, de modo que aquí el salmista incluye la promesa de gracia en su uso de la "ley"; o de lo contrario, la conversión, como se usa aquí, no significa regeneración.

A veces se entiende por "Ley" los cinco libros de Moisés, como en Gl 3:21 "Si hubiera habido una ley que pudiera haber dado vida, la justicia debería haber sido verdaderamente por la ley". Asimismo, en Jn 1:45: "lo hemos encontrado de quien Moisés en la ley... sí escribió". Similarmente en Lc 24.44: "todas las cosas deben cumplirse, que estaban escritas en la ley de Moisés", es decir, los cinco libros de Moisés; véase también Gl 4:21.

La palabra "ley" se utiliza para la pedagogía de Moisés, como en Jn 5:46: "Si hubieran creído a Moisés, me habrían creído: Porque él escribió de mí". Ver también Jos 1:7-8.

A veces la "ley" se utiliza solo para la ley moral, el Decálogo, como en Ro 7:7, 14 y 21.

A veces la "ley" se refiere a la ley ceremonial, como en Lc 16:16.

A veces la "ley" se refiere a todas las leyes – morales, ceremoniales y judiciales – como en Jn 1:17: "Pues la ley por medio de Moisés fue dada, pero la gracia y la verdad vinieron por medio de Jesucristo". La "gracia" en oposición a la ley moral, la "verdad" en oposición a la ley ceremonial que no era más que una sombra. Así comenta Crisóstomo este pasaje: "la ley ceremonial fue dada hasta el momento de la venida de la semilla prometida a Abraham".

Entre todos estos usos diferentes, la controversia radica en el último donde la palabra "ley" significa la ley moral, judicial y ceremonial. Con respecto a dos de estas variedades de la ley, encontramos un acuerdo considerable; la principal dificultad aparece con respecto a la ley moral.

La ley ceremonial era un apéndice a la primera tabla de la ley moral. Era una ordenanza que contenía preceptos de adoración para los judíos cuando estaban en su infancia con la intención de darles esperanza, de preservarlos de la adoración falsa, y de ser un muro de separación entre los judíos y los gentiles. Esta ley, todos coinciden, es abrogada tanto en su verdad como en su realidad.

En cuanto a la ley judicial, que constituía un apéndice a la segunda tabla, era una ordenanza que contenía preceptos relativos al gobierno del pueblo en materia civil, y servía tres propósitos principales: le dio al pueblo una regla de equidad común y pública, los distinguió de otros pueblos, y les dio un gobierno que era un tipo de Cristo. La parte de la ley judicial que era típica del gobierno de Cristo ha cesado, pero la parte que es de equidad común y general sigue vigente. Es comúnmente acordado que aquellos juicios que son comunes y naturales son también morales y perpetuos.

Sin embargo, con respecto a la ley ceremonial y judicial encontramos pocos que abogan en contra de su abrogación. Toda la controversia surge de la tercera categoría – la ley moral. Y así llegamos a hablar de la ley moral que está esparcida a lo largo de toda la Biblia, y resumida en el Decálogo. Sustancialmente contiene cosas buenas y santas, y conformes a la voluntad de Dios, siendo la imagen de la voluntad divina, un rayo de su santidad, cuyo resumen es el amor a Dios y el amor al hombre.

Una de las grandes disputas de nuestros días gira en torno a la abrogación de la ley moral, o sea, ¿son liberados los creyentes de la ley moral? Todos estamos de acuerdo en que somos liberados de las maldiciones, de las acusaciones y de otros detalles que ya hemos nombrado. Pero la pregunta es, para formularla en términos claros: ¿son los creyentes libres de la obediencia a la ley moral, es decir, de la ley moral como regla de obediencia?

Algunos afirman positiva o perentoriamente que somos liberados de la ley como regla, y que, desde la venida de Cristo, ya no estamos bajo obligación de obedecerla. Otros dicen que sigue en vigor como regla de obediencia, aunque se haya abolida en otros aspectos, pues como dice Beza: "Cristo cumplió la ley para nosotros, pero no para hacer que perdiera su valor para nosotros". Todavía estamos bajo la conducta y las órdenes de la ley, dicen estos cristianos, aunque no bajo sus maldiciones ni sus penas.

Otros dicen que somos liberados de la ley, tal como fue entregada Moisés, y solo estamos obligados a obedecerla de la manera que nos ha sido entregada en Cristo: y, sin embargo, dicen, estamos sujetos a esos mandamientos y a la ley que Moisés dio, pero no como él la dio, sino como Cristo la renovó – como sale de su mano y de su autoridad: "Un mandamiento nuevo os doy: Que os améis unos a otros; como yo os he amado, que también os améis unos a otros" (Jn 13:34). Es un mandamiento, porque Cristo es a la vez Salvador y Señor; y es nuevo, no porque no existiera antes, sino porque ahora ha sido renovado, y porque lo recibimos de la misma mano de Cristo.

No pienso disputar ampliamente este punto. Si se reconoce la ley moral como una regla de obediencia y conducta cristiana, no habrá caída, ya sea que se tome de la manera que fue promulgada por Moisés o de la manera que nos fue entregada y renovada por Cristo.

De hecho, la ley, considerada como una regla, no puede ser abolida o alterada pues la naturaleza del bien y del mal no puede ser abolida y cambiada.

La esencia de la ley es la suma de la doctrina relativa a la piedad hacia Dios, la caridad hacia nuestros vecinos, y la templanza y sobriedad hacia nosotros mismos. Y la sustancia moral y eterna de la ley no puede ser abrogada. Concedemos que las circunstancias bajo las cuales la ley moral fue dada originalmente eran temporales y cambiables, y ahora no tenemos nada que ver con el promulgador, Moisés, ni con el lugar donde fue dada, el Monte Sinaí. No tenemos que ver con el tiempo en que se dio, cincuenta días después de que el pueblo saliera de Egipto, ni aún como estaba escrito en tablas de piedra, entregada entre truenos y relámpagos. No miramos al Sinaí, la colina de la servidumbre, sino a Sión, la montaña de la gracia. Tomamos la ley como la imagen de la voluntad de Dios que deseamos obedecer, pero no esperamos de ella vida y favor, ni tememos muerte y rigor. Esto, concibo yo, es la opinión concurrente de todos los teólogos. Para los creyentes, la ley es abrogada con respecto a su poder para justificar o condenar; pero sigue vigente para dirigirnos en nuestras vidas. Condena el pecado en los fieles, aunque no puede condenar a los fieles por el pecado. Dice Girolamo Zanchi: "la observancia de la ley es necesaria para un hombre cristiano, y no es posible separar esa observancia de la fe". Y como dice Juan Calvino: "alejémonos de la noción impía de que la ley no debe ser nuestra regla, porque es nuestra regla de vida inmutable". La ley moral, por su enseñanza, amonestación y reprobación, nos prepara para toda buena obra. La ley queda anulada en cuanto a su poder para condenarnos, pero todavía tiene poder para dirigirnos; no estamos bajo su maldición, pero aún estamos bajo su rección.

Una vez más, la ley moral es perpetua e inmutable. Esta es una verdad eterna, que la criatura está obligada a adorar y obedecer a su Creador, y tanto más atado queda por haber recibido mayores beneficios. Si afirmamos estar libres de obediencia, nos hacemos siervos del pecado. Pero sobre estos asuntos hablaré más ampliamente en el discurso a continuación.

Por lo tanto, en contra de esa opinión que sostiene la abrogación de la ley, y dice que estamos libres de la obediencia a ella, declararé y procuraré probar dos proposiciones que servirán plenamente para responder la pregunta, y para refutar las nociones falsas. Las propuestas son las siguientes:

1) Que la ley, en su sustancia (porque no hablamos de circunstancias ni adjuntos de la ley), sigue siendo una regla de conducta para el Pueblo de Dios.

2) Que no hubo fin o uso para el cual la ley fue dada ori-

ginalmente que no fuera consistente con la gracia y que no fuera útil para el avance del pacto de gracia.

Si estas dos proposiciones se comprueban, las doctrinas de la abrogación de la ley y de la libertad de la ley serán suficientemente rebatidas.

Proposición I: La ley sigue siendo una regla de conducta para el Pueblo de Dios

Comenzaremos con la primera propuesta, a saber, que la ley, en su esencia, permanece en vigor como regla de conducta para el pueblo de Dios. No hará falta ahondar mucho en esto, pues al delinear bien la segunda propuesta, se verá que también esta primera se establece. Por ley se entiende la ley moral comprendida en el Decálogo o en los diez mandamientos. Por la sustancia de ella, me refiero a las cosas ordenadas o prohibidas que son moralmente buenas o malas, y que no pueden ser cambiadas o abolidas. ¿Porque qué es la ley en el fondo si no es aquella ley de la naturaleza grabada en el corazón del hombre en el estado de inocencia? ¿Y qué fue eso, sino la idea expresa o la representación de la propia imagen de Dios, incluso un rayo de su propia santidad, que no puede cambiarse o abolirse de la misma manera que la naturaleza del bien y del mal no puede cambiar? Ahora procederé a demostrar que la ley, considerada de esa manera, permanece como una regla inmutable de conducta para los creyentes.

El testimonio de las confesiones reformadas
Para comprobar esto contamos con una nube de testigos al considerar el consenso de las Confesiones de las Iglesias cris-

tianas y reformadas. La iglesia helvética (Suiza) tiene esta confesión: Hasta ahora se ha abrogado la ley de Dios, en el sentido de que no tiene poder para condenar a los creyentes... No obstante, no rechazamos desdeñosamente la ley, sino que condenamos como herejía que se enseñe en contra de la ley y como herejes a los que enseñan que no es una regla para la conducta cristiana". La iglesia francesa tiene esto: "creemos que todas las figuras de la ley han sido superadas por la venida de Cristo. Aunque la verdad y la sustancia siguen siendo vigentes en él y se cumplen en nosotros a través de él. Pero la doctrina de la ley se usa para confirmar nuestra vida y para que podamos ser más establecidos en las promesas del evangelio". Coincide aquí también la Confesión Belga. "Nosotros creemos que las ceremonias y los símbolos de la ley cesaron con la venida de Cristo, y que todas las sombras fueron cumplidas; por lo que su uso tiene que abolirse entre los cristianos; con todo, la verdad y sustancia de ellas permanecen con nosotros en Jesucristo, en quien tienen su cumplimiento. Mientras tanto, seguimos usando los testimonios tomados de la ley y de los profetas para confirmarnos en la doctrina del evangelio y para regular nuestra vida con toda integridad para la gloria de Dios, de acuerdo con su voluntad".

La Confesión de Wittenberg incluye esto: "reconocemos la ley de Dios, resumida en el Decálogo, para ordenar las obras mejores, más justas y perfectas, y sostenemos que el hombre está obligado a obedecer los preceptos morales del Decálogo. Ninguno de los preceptos que están contenidos en los escritos de los apóstoles constituye una nueva ley, sino que son ramas de la antigua ley". Y otra vez, "es necesario enseñarles a los hombres que no solo deben obedecer la ley, sino también que esta obediencia agrada a Dios".

La iglesia escocesa confiesa: "no creemos que estemos tan libres por la libertad como para no obedecer a la ley; confesamos lo contrario". La iglesia inglesa tiene una doctrina similar: "aunque la ley dada por Dios a Moisés con respecto a los ritos y ceremonias no vincula a los cristianos, tampoco hay ninguno, aunque sea cristiano, que se exentúa de la obediencia a los mandamientos que se llaman morales". A estos testimonios podrían añadirse muchos más.

Pero puede ser que algunos hombres duden de la autoridad de estas confesiones y desconfían, por lo tanto, de las pruebas que en ellas encontramos. Y, de hecho, si estas cosas no se comprueban por medio la Palabra de Dios, no tienen autoridad sobre nosotros. Respetamos a los hombres buenos y sus escritos, pero no debemos construir nuestra fe sobre ellos como un fundamento seguro. Esto atenta en contra de nuestra libertad cristiana; no podemos ser esclavizados a los juicios del hombre. "A la ley y al testimonio; si no hablan según esta Palabra, es porque no hay luz en ellos". Por lo tanto, daremos algunas pruebas de la Biblia misma, y de ahí desprenderemos nuestros argumentos.

El testimonio del Nuevo Testamento

Leemos en Mt 5:17-18: "No penséis que he venido para abrogar la ley o los profetas; no he venido para abrogar, sino para cumplir. Porque de cierto os digo que hasta que pasen el cielo y la tierra, ni una jota ni una tilde pasará de la ley, hasta que todo se haya cumplido". Parece haber aquí una expresión clara y contundente de la continuación y la obligación de la ley. Sin embargo, hay quienes mal interpretan estas palabras con motivos siniestros. Algunos sostienen que Cristo no aboliría la ley hasta que la hubiera cumplido. De hecho, él era el "fin de la ley", como dice el apóstol en Ro 10:4, pero debemos entender que esto significa "el extremo de perfeccionamiento y consumación", no "el extremo de destrucción y abolición" de la ley. En Cristo la ley tenía un fin de perfección y consumación, no de destrucción y abolición. Hay que señalar que en este versículo Cristo da una exposición más estricta de la ley, y la reivindica de las interpretaciones corruptas de los fariseos, quienes obviamente postulaban una continuación, y no una abrogación, de la ley. Y coincide con esto el lenguaje del apóstol en Ro 3:31: "¿Luego por la fe invalidamos la ley? En ninguna manera, sino que confirmamos la ley". ¿Cómo? No por justificación, porque en este sentido la fe anula la ley, sino como regla de obediencia, y en este sentido la fe establece la ley. Además, el apóstol nos dice que "la ley es santa, justa y buena" y "Porque según el hombre interior, me deleito en la ley de Dios" y también "Gracias doy a Dios, por Jesucristo Señor nuestro. Así que, yo mismo con la mente sirvo a la ley de Dios, mas con la carne a la ley del pecado" (Ro 7:12, 22 y 25). Coincide aquí Stg 2:8: "Si en verdad cumplís la ley real, conforme a la Escritura: Amarás a tu prójimo como a ti mismo, bien hacéis". ¿Qué ley era esta? Santiago nos lo dice en el v 11 que es el Decálogo o la ley moral. De la misma manera: "el que dice: Yo le conozco, y no guarda sus mandamientos, el tal es mentiroso, y la verdad no está en él" (1 Jn 2:4); también: "todo aquel que comete pecado, infringe también la ley; pues el pecado es infracción de la ley" (1 Jn 3:4).

Por lo tanto, el hecho de que Cristo sea el mejor expositor

de la ley sugiere que él mismo la fortalece y la confirma (ver el Sermón del Monte, y también Mc 10:19); la fe no sustituye sino que fortalece la ley; ya que el apóstol tan a menudo insta a los deberes ordenados en la ley; ya que Pablo reconoce que él sirvió la ley de Dios en su mente, y que él estaba bajo la ley para Cristo (1 Co 9:21); con razón puedo concluir que la ley, por su contenido, sigue siendo una regla de vida para el pueblo de Dios.

Pero yo añadiría más argumentos, empezando por este: si alguna vez la ley era una regla de conducta, entonces sigue siendo una regla de conducta. Esto me queda claro. O sigue siendo una regla de conducta o debemos mostrar el momento en que, como tal, fue abrogada. Pero dicho momento no existe. Si se dice que fue abrogada en el tiempo del evangelio por Cristo y sus apóstoles, respondemos que tal aseveración no se puede comprobar. No fue abrogada en ese momento. Si Cristo y sus apóstoles ordenaban las mismas cosas que la ley exigía, y prohibían y condenaban las mismas cosas que la ley prohibía y condenaba, entonces no la abrogaron, sino que la fortalecieron y la confirmaron. Y esto es lo que hicieron: Mt 5:19: "De manera que cualquiera que quebrante uno de estos mandamientos muy pequeños, y así enseñe a los hombres, muy pequeño será llamado en el reino de los cielos; mas cualquiera que los haga y los enseñe, éste será llamado grande en el reino de los cielos".

Por lo tanto, Cristo mismo expuso y estableció la ley, por su Palabra y su autoridad, como se demuestra en los capítulos 5, 6 y 7 de Mateo, y esto comprueba la continuación de la ley. Si Jesús hubiera querido anular la ley, no la hubiera reivindicado ni la hubiera restaurado a su pureza frente a la interpretación falsa de los fariseos. Todo esto nos habla claramente de la continuación y la obligación de la ley.

Como con Cristo, así con los apóstoles: en lugar de abolirla, en su doctrina la establecen, a menudo instando los deberes de la ley sobre las iglesias y el pueblo de Dios: "No os venguéis vosotros mismos, amados míos, sino dejad lugar a la ira de Dios" (Ro 12:19). ¿Por qué? "porque escrito está: Mía es la venganza, yo pagaré, dice el Señor". Vemos exactamente lo mismo en Ro 13:8-10. Allí el apóstol repite los mandamientos de la segunda tabla, no para revertirlos sino para confirmarlos como regla de conducta para los santos. Los resume así: "El amor no hace mal al prójimo; así que el cumplimiento de la ley es el amor". Como ha dicho Teodoro de Beza: "el amor no es perfeccionado excepto como el cumplimiento de la ley". Ver también 1 Ts 4:3-7: "pues la voluntad de Dios es vuestra santificación; que os apartéis de fornicación; que cada uno de vosotros sepa tener su propia esposa en santidad y honor; no en pasión de concupiscencia, como los gentiles que no conocen a Dios; que ninguno agravie ni engañe en nada a su hermano; porque el Señor es vengador de todo esto, como ya os hemos dicho y testificado. Pues no nos ha llamado Dios a inmundicia, sino a santificación". Vemos también Ef 6:1: "Hijos, obedeced en el Señor a vuestros padres, porque esto es justo". El apóstol aquí encomienda este deber a partir de la autoridad del precepto, y lo persuade por medio de la gracia de la promesa, "que es el primer mandamiento con promesa" - una promesa condicional (como dice Beza), como todas las promesas que se encuentran en la ley. Tan completas y claras son las palabras del apóstol en Ro 3:31: "¿Luego por la fe invalidamos la ley? En ninguna manera, sino que confirmamos la ley". Aunque tiene otro sentido, también tiene este sentido, que, aunque se anula la ley con respecto a la justificación, la ley se establece como una regla de conducta para la vida cristiana.

De nuevo, en Mt 3:10 leemos: "Y ya también el hacha está puesta a la raíz de los árboles; por tanto, todo árbol que no da buen fruto es cortado y echado en el fuego" y en Mt 5:22: "Pero yo os digo que cualquiera que se enoje contra su hermano, será culpable de juicio; y cualquiera que diga: Necio, a su hermano, será culpable ante el concilio; y cualquiera que le diga: Fatuo, quedará expuesto al infierno de fuego". En estos y en otros lugares tan diversos, así nos dicen algunos teólogos santos y eruditos, las amenazas del Nuevo Testamento no son de la naturaleza del evangelio, sino que son la confirmación de la ley, y nos demuestran claramente la continuación de la ley bajo la gracia. Así, Daniel Chamier distingue en el evangelio entre la doctrina del evangelio y la gracia del evangelio, entre la predicación del evangelio por Cristo y los apóstoles y la ley de la fe o del espíritu de vida en Cristo. La predicación o doctrina del evangelio, nos dice, consiste en dos partes: primero la promesa de gracia, y segundo la confirmación de la ley. Y él demuestra que todas esas amenazas que leemos en las Escrituras del Nuevo Testamento no pertenecen de ninguna manera a la naturaleza del evangelio propiamente tal, sino que son la confirmación de la ley. Y dan testimonio de la continuación de la ley ahora bajo el evangelio como una regla exacta para dirigir a los cristianos en su conducta y obediencia.

Cinco pruebas de la obligación de la Ley

Antes de pasar al resto de los argumentos, mencionaré algunos puntos de discrepancia de los objetores. Algunos dicen que, aunque la ley es una regla de conducta, es una regla que somos libres de obedecer o no obedecer: no es una regla obligatoria. Hay varias opiniones sobre esto. Algunos dicen que la obligación de la ley es para nosotros como criaturas y no como creyentes. Yo respondo: si es así, ¿por qué entonces no estamos obligados a obedecerla? Todo cristiano es a la vez una criatura. Otros dicen que la ley obliga a la carne, pero no al espíritu; obliga la parte no regenerada, pero no la parte regenerada del hombre, pues la parte regenerada es libre. Yo respondo: aquí hay una brecha peligrosa, abierta a todo tipo de libertinaje; consideremos las opiniones de David George y de los valentinianos. Otros dicen que la ley no es una norma obligatoria en absoluto. Dicen que aplicar la ley moral del Antiguo Testamento a los creyentes del Nuevo Testamento es como aplicar las leyes de Inglaterra a los españoles. La libertad cristiana supera la ley moral, dicen ellos.

Ahora, si esto es cierto, todo se viene abajo. Si se trata de una regla, pero no de una regla obligatoria, una regla obligatoria hacia la obediencia será de poca utilidad. Terminaremos con este argumento antes de seguir adelante, y mostraremos que la ley es en verdad una regla obligatoria que ata a los cristianos, no como hombres, sino como cristianos. Propongo cinco argumentos para comprobarlo:

Cuando la ley se observa, las conciencias de los hombres regenerados están limpias, pero cuando no la observan, sus conciencias les acusa. La ley, por lo tanto, es obligatoria para la conciencia. La ley de Dios hace que las conciencias de los regenerados sean limpias. Por lo tanto, es la ley de Dios que obliga la conciencia cristiana.

Lo que tiene poder para acusar a la conciencia del cristiano regenerado, debe hacerse, y no debe hacerse lo que es obligatorio para la conciencia. La ley de Dios tiene este poder. Por lo tanto, aunque no se puede decir que esto o aquello no debe hacerse para evitar la condenación o la maldición; o que esto o aquello debe hacerse para obtener la justificación o para merecer de la vida; sin embargo, sí se puede decir que esto o aquello debe hacerse si es bueno y agradable ante Dios, y que esto o aquello no debe hacerse, si es desagradable ante Dios.

La autoridad por la cual los apóstoles exhortaron a los cristianos a cumplir obliga la conciencia a la obediencia. Pero los apóstoles usaron la autoridad de la ley para provocar a los cristianos a su deber (como en Ef 6:1-2). Por lo tanto, la ley es la regla de conducta por la cual los cristianos deben vivir.

Si la ley de Dios no ata la conciencia de un hombre regenerado a la obediencia, entonces cuando hace lo que es ordenado por la ley, hace más que su deber. Pero al obedecer la ley, el hombre no amerita nada: "así también vosotros, cuando hayáis hecho todo lo que os ha sido ordenado, decid: Siervos inútiles somos, pues lo que debíamos hacer, hicimos" (Lc 17:10).

O bien la ley ata la conciencia de los cristianos a la obediencia, o bien los cristianos no pecan en la violación de la ley. Pero los cristianos pecan en violación de la ley, como dice 1 Jn 3:4: "la infracción de la ley". Por lo tanto, la infracción de la ley es pecado. O veámoslo así: si los cristianos no están obligados a pecar, entonces están obligados a guardar la ley. Pero los cristianos no están obligados a pecar; por lo tanto, están obligados a guardar la ley. Sé que los objetores estarán de acuerdo en que los cristianos no están obligados a pecar, pero negarán que están obligados a obedecer la ley. Probaré mi punto de esta manera: si el que trasgrede la ley peca, entonces los cristianos están obligados a guardar la ley si no quieren pecar. Pero el que trasgrede la ley peca, como dice el apóstol: "es la infracción de la ley" (1 Jn 3:4), y "donde no hay ley no hay transgresión" (Ro 4:15), por lo tanto, los cristianos están obligados a obedecer la ley para así evitar el pecado.

Y ahora, entre la espada y la pared, los objetores no tienen manera de mantener su error y por ello buscan otra salida. Nos dicen claramente que los creyentes no pecan: "esté en Cristo y peca si puede", dicen. Pero el apóstol les dice que pecan al decir esto: "Si decimos que no tenemos pecado, nos engañamos a nosotros mismos, y la verdad no está en nosotros" (1 Jn 1:8). No, le hacemos mentiroso a Dios (v. 10). "Si decimos", incluye a los apóstoles, así como a otros, "porque no hay hombre que no peque: (1 R 8:46). "Porque todos ofendemos muchas veces. Si alguno no ofende en palabra, éste es varón perfecto, capaz también de refrenar todo el cuerpo" (Stg 3:2).

Cinco argumentos adicionales para obedecer la Ley
Pero si con esto no se conforman, entonces dicen que

Dios no ve pecado en aquellos que son creyentes. Pero ¿qué es esto? Es una cosa pecar, y otra cosa que Dios no vea el pecado. De hecho, no ve el pecado, ni para condenar a los creyentes por pecado, ni para aprobar y permitir el pecado en los creyentes. Que no vea el pecado quiere decir que no imputará el pecado a nosotros cuando estamos en Cristo. Pero si esto no convence a los objetores, entonces dicen: aunque los creyentes pecan, y aunque Dios lo ve (porque sí lo ve y lo juzga), Dios no está disgustado con los pecados de los creyentes.

Respondo yo: ciertamente, el bien perfecto debe odiar para siempre lo que es el mal perfecto, y cuanto más cerca esté de él, más Dios lo odia. En un hombre malvado, Dios aborrece el pecado y el pecador, pero en un creyente aborrece el pecado, pero ama al pobre pecador. Está disgustado por el pecado, aunque lo perdona por medio de Cristo. Con esto damos término a nuestra consideración de esta objeción. Lo que hemos mostrado ha de ser suficiente para comprobar el primer argumento.

Si los mismos pecados son condenados y prohibidos después de que Cristo vino como estaban prohibidos antes de que viniera, entonces la ley, como regla de conducta, permanece aún en vigor; pero los pecados en sí siguen siendo condenados y prohibidos. Lo que era pecado entonces es pecado ahora. Hablo de las transgresiones de la ley moral. Por lo tanto, la ley moral sigue en vigor para los creyentes como una regla de conducta.

Si los mismos deberes que se promulgaron en la ley son ordenados para los creyentes bajo el evangelio, entonces la ley sigue siendo como una regla de conducta y obediencia. Pero los mismos deberes son exigidos bajo el evangelio como fueron exigidos bajo la ley, como ya he demostrado (e.g. Ro 13:9-10 y Ef 6:1). Por lo tanto, la ley sigue siendo una regla de obediencia bajo el evangelio.

Si los deberes exigidos en la ley son parte de la santidad y la conformidad con Dios, y si esta conformidad con la ley es requerida de nosotros, entonces concluimos que la ley todavía está en vigor. Pero los deberes exigidos son parte de la santidad cristiana, y la obediencia a ley nos es requerida. Por lo tanto, la ley sigue en vigor. Que los deberes exigidos son parte de nuestra santidad, se acepta por todos. Si es así, que esta conformidad con la ley se nos requiera es fácil de comprobar. Aquello a lo que aspiramos y por lo que nos esforzamos, y por lo cual debemos esforzarnos tanto en nuestros afectos y acciones, en nuestros principios y prácticas, sin duda, se nos exige. Pero es lo mismo con la conformidad con la ley de Dios. Que aspiremos a tal conformidad en nuestros afectos está claro de Ro 7:22 y 25, donde el apóstol nos muestra que se deleitó en la ley de Dios y que sirvió la ley en su mente. No, fue su propósito, objetivo, deseo y esfuerzo de corazón, ser conformado a esa ley que dice que es "santa, justa y buena". Y aunque no la pudo cumplir, sin embargo, se esforzó a cumplirla; lo que demuestra que nosotros también debemos esforzarnos a obedecerla en nuestros afectos. Y es igualmente evidente que debemos esforzarnos por conformarnos a ella en nuestras acciones. Veamos los dos puntos en conjunto: "Tú encargaste
que sean muy guardados tus mandamientos. ¡Ojalá fuesen ordenados mis caminos para guardar tus estatutos! Entonces no

sería yo avergonzado, cuando atendiese a todos tus mandamientos" (Sal 119:4-6). El salmista respeta los preceptos en su corazón y afectos y busca conformarse a ellos en la vida y en las acciones. Y este era su deber, porque Dios había ordenado: "Tú encargaste que sean muy guardados tus mandamientos. ¡Ojalá fuesen ordenados mis caminos para guardar tus estatutos" (vv 4-5). Ser liberado de la obediencia a la ley, que es santa, justa y buena, no puede ser parte de nuestra libertad en Cristo. ¡Nuestra libertad no nos puede separar de lo que es santo, justo y bueno! Considerémoslo de esta manera: lo que no es parte de nuestra esclavitud, no puede ser parte de nuestra libertad. Pero la obediencia y el sometimiento a la ley moral en el sentido que he demostrado nunca fue parte de nuestra esclavitud. Por lo tanto, ser liberado de la obediencia a la ley no puede ser parte de nuestra libertad. Mostraré que la obediencia a la ley nunca fue parte de nuestra esclavitud.

Lo que es parte de nuestra gloria no puede ser parte de nuestra esclavitud; pero la obediencia y la conformidad a la ley, tanto en principio como en la práctica, es parte de nuestra gloria; por lo tanto, no puede ser parte de nuestra esclavitud. Una vez más, no puede decirse que sea parte de nuestra esclavitud lo que es parte de nuestra libertad. Pero obedecer la ley es parte de nuestra libertad, como leemos en Lc 1:74: "Que, librados de nuestros enemigos, in temor le serviríamos". No seguiré más en este punto. Queda bastante claro, que la ley en su sustancia sigue siendo una regla de conducta y obediencia para aquellos que están en Cristo. Presentaré dos o tres aplicaciones y luego pasaremos al segundo asunto.

Aplicaciones

Aplicación en contra de los papistas

Lo anterior servirá para mostrar el error de los papistas en su injusta acusación contra nosotros de que hacemos parte de nuestra libertad cristiana estar exentos de toda ley y de vivir como querramos, y que no estamos obligados a la obediencia de ninguna ley de conciencia ante Dios. Apelamos a todas las iglesias reformadas en el mundo cristiano, y afirmamos que ni una entre ellas jamás haya presentado tal opinión. Es la opinión concurrente de todas las iglesias reformadas que los cristianos están sujetos a la regla, la dirección y la autoridad de la ley moral, como dice Chamier: "los creyentes están libres de las maldiciones, no de las obligaciones, de la ley". Predicamos obediencia a la ley, pero no como lo hacen los papistas. Ellos predican la obediencia como un medio para justificar; nosotros predicamos la justificación como un medio para obedecer. Nosotros rechazamos las obras a cambio de la gracia en la justificación, y afirmamos que la obediencia es el fruto de la gracia en la santificación. El que no camina en obediencia aún no está unido a Cristo; y el que descansa en su propia obediencia no conoce a Cristo. De hecho, muchos aun piensan como los judíos. Dios estableció la ley como una regla de conducta, pero ellos se querían justificar por este medio. Estos pobres hombres son como bueyes en el yugo; estiran, trabajan y desgastan su fuerza (¿quién hace más que aquellos que se piensan ganar mérito?), y cuando han realizado su trabajo, son llevados al matadero. Así es con estos: cuando se han esforzado mucho en su propia justicia, perecen en su justa condenación. Lutero llama acertadamente a estos hombres "los mártires del diablo": sufren mucho y se esfuerzan para ir al infierno. El apóstol les dice lo que esperan: "Porque todos los que dependen de las obras de la ley están bajo maldición" (Gl 3:10), es decir, aquellos que están bajo las obras de la ley para la justificación; y el apóstol da la razón, "pues escrito está: Maldito todo aquel que no permaneciere en todas las cosas escritas en el libro de la ley, para hacerlas". Estos hombres buscan la vida en la muerte y la justicia en el pecado.

Y, por desgracia, todos somos aptos para seguir esta línea; es difícil llevar a cabo toda justicia y descansar en ninguna; es más fácil querer y correr que depender de la misericordia y gracia de Dios. Somos aptos para tejer una red de justicia propia, para girar nuestro propio hilo para subir al cielo. ¿Si no fuera así, cuál sería la necesidad de tantas exhortaciones y amonestaciones para llevar a cabo toda justicia, pero descansar en ninguna? La Escritura no hace una práctica de matar moscas con escarabajos, ni de agarrar pajuelas con cuñas de hierro; la Biblia no presenta amonestaciones y exhortaciones donde no hay necesidad.

Por desgracia, hay multitudes en el mundo que hacen un Cristo de sus propias obras, y es precisamente esta su perdición. Buscan justicia y aceptación más en el precepto que en la promesa, en la ley más que en el evangelio, más en las obras que en la fe; y así perecen. Hay algo de este espíritu en todos nosotros. Nos rebajamos por cada debilidad en nosotros mismos. Pero en Cristo nuestro esfuerzo es débil pues su yugo es fácil.

Contra los antinomianos

A continuación, nos fijamos en el caso de los que se llaman antinomianos. Así como los papistas establecen la ley para la justificación, los antinomianos rehúsan la ley para la santificación. Nosotros afirmamos estar libres de las maldiciones de la ley; ellos afirman estar libres de la dirección y la sustancia de la ley. Nosotros decimos que estamos libres de las sanciones de la ley, pero ellos rechazan los preceptos de la ley. Dicen que hacemos una mezcla falsa de Cristo y Moisés, y que mezclamos la ley y el evangelio. ¡Cuán injustamente nos acusan! Juzguen ustedes, hombres de comprensión. Negamos la ley con respecto a la justificación, pero la afirmamos como una regla de santificación. La ley nos envía al evangelio para que seamos justificados; y el evangelio nos envía a la ley nuevamente para saber cuál es nuestro deber como aquellos que hemos sido justificados. A pesar de lo que digan acerca de la ley, aunque la desdeñen y la deshonren, y a pesar de lo que digan acerca de aquellos que la predican, nosotros sabemos que, por su contenido, la ley es la imagen de Dios, un rayo de su santidad. Las cosas que en él se ordenaban y se prohibían son cosas moral y eternamente buenas y malas; nada puede alterar su naturaleza. Las cosas que no son por naturaleza ni buenas ni malas son alterables por el que les mandó. Pero aquellas cosas que son moralmente buenas o malas, Dios no puede alterarlas más que hacer el mal bueno o el bien malo. Lo que antes era moralmente bueno es moralmente bueno ahora, y ha de ser practicado. Lo que antes era moralmente malo es moralmente malo ahora, y debe ser rechazado y evitado. Tenemos una regla del evangelio que nos impulsa hacia la obediencia a la ley. Lo encontramos en Flp 4:8: "Por lo demás, hermanos, todo lo que es verdadero, todo lo honesto, todo lo justo, todo lo puro, todo lo amable, todo lo que es de buen nombre; si hay virtud alguna, si algo digno de alabanza, en esto pensad". Y espero que la ley sea una de estas cosas. El apóstol nos dice que la ley es "santa y justa y buena"; ciertamente en ella no se ordena nada que no es bueno. Si hemos de aprender de la hormiga y de las bestias, ciertamente hemos de aprender mucho más de la ley, que es la imagen de Dios en el hombre y la voluntad de Dios para el hombre. No tenemos nada que ver con Moisés, ni miramos al Sinaí, la colina de la esclavitud, sino que miramos a Sión, la montaña de la gracia. Entendemos que la ley es el gobierno eterno de la voluntad de Dios, y queremos conformarnos a ella, y cantar con David, "¡Ojalá fuesen ordenados mis caminos para guardar tus estatutos!" Ciertamente la ley y el evangelio se ayudan mutuamente; se dan la mano la una al otro, como dice Pedro Mártir Vermigli.

La ley se subordina al evangelio. El propósito de la ley es de convencernos y humillarnos, y el propósito del evangelio es permitirnos cumplir la obediencia de la ley. La ley nos envía al evangelio para nuestra justificación; el evangelio nos envía a la ley para dirigir nuestro caminar. Nuestra obediencia a la ley no es otra cosa que la expresión de nuestro agradecimiento a Dios que nos ha justificado libremente, que, siendo redimidos, podemos servirle sin temor (Lc 1:74). Aunque nuestro servicio no es el motivo o la causa de nuestra redención, es el propósito de nuestra redención. El apóstol lo muestra así en el sexto capítulo de Romanos; es la aplicación que hace de la doctrina de la libre justificación. Continúa: "así que, hermanos, deudores somos" (Ro 8:12). Si Cristo nos ha liberado de las penas, ¿cómo debemos someternos a los preceptos? Si nos ha librado de las maldiciones, ¿cómo debemos estudiar los mandamientos? Si pagó nuestra deuda de pecado, ciertamente le debemos una deuda de servicio.

Este fue el gran fin de nuestra redención; Cristo nos redimió de la esclavitud y nos trajo a la libertad, de la esclavitud al servicio. Aquello a lo cual Cristo nos ha redimido, no puede redimirnos; nos ha redimido al servicio, y por lo tanto no se puede decir que nos redime del servicio. De hecho, él nos ha liberado de la manera de nuestra obediencia, pero no de la sustancia de la obediencia. Ahora obedecemos, pero obedecemos en base a otros principios, por otras fuerzas, y hacia otros fines.

Anteriormente, los principios de obediencia eran legales, ahora son filiales y evangélicos. Como la ley fue dada con propósitos evangélicos, ahora se asocia con los principios evangélicos, principios de fe, amor y deleite, los cuales hacen que el alma obedezca, y facilitan una obediencia íntegra. El amor de Cristo limita (2 Co 5:14), sin embargo, la obediencia es libre. El amor no conoce dificultades; las cosas imposibles para los demás son fáciles para los que aman. Los motivos de la obediencia difieren: antes obedecíamos por miedo, ahora obedecemos por amor. Antes la fuerza era nuestra, ahora tenemos comunión con la fuerza de Cristo. Se dice que nuestras obras se hacen en Dios, por unión con él (Jn 3:21), y por comunión con él. Como no podemos hacer nada sin él, así podemos hacer todas las cosas en Cristo que nos fortalece. Y Dios ha prometido esta fuerza: "Y Jehová ha declarado hoy que tú eres pueblo suyo, de su exclusiva posesión, como te lo ha prometido, para que guardes todos sus mandamientos" (Dt 26:18). Nos dice que él trabaja todas nuestras obras en nosotros y para nosotros (Is 26:12), las obras requeridas de gracia en nosotros, y de deber para nosotros.

Los fines anteriores eran para la justificación y la vida; ahora son para otros fines - para glorificar a Dios, para dignificar el evangelio, para declarar nuestra sinceridad, para expresar nuestro agradecimiento. Antes, obedecíamos, pero fuera de la compulsión de conciencia; ahora obedecemos por naturaleza, que, en la medida en que funciona, trabaja para Dios, tan naturalmente como las piedras se mueven hacia abajo o las chispas vuelan hacia arriba. Así, pues, es que predicamos la ley, no en oposición a, sino en subordinación al evangelio, como mostraremos más adelante.

A todos los creyentes

Por último, bajo este encabezado, permítanme exhortarles a todos a juzgar bien la ley, y luego esforzarse por obedecerla. Moisés no toma el lugar de Cristo; pero, al mismo tiempo, hay que hacer el uso correcto de Moisés. Cuando las obras y la obediencia ocupan el lugar correcto, cuando la ley se usa correctamente, entonces es santa, justa y buena. Pero si la usamos como la forma de alcanzar la vida, entonces pisoteamos la sangre de Cristo, y hacemos que su vida y su muerte sean en vano. Que el siervo siga al Maestro; que Moisés siga a Cristo; la ley, la gracia; la obediencia, la fe; y entonces todos actúan sus partes apropiadas y diseñadas. Recuerda lo que Zacarías dijo: fuimos redimidos para servir (Lc 1:74), para vivir una vida entregada al que murió por nosotros. Razonemos de la misericordia hacia el deber, no de la misericordia hacia la libertad. ¡Tengamos cuidado de no abaratar las grandes obras de Cristo! Prestemos atención de no abusar de la misericordia. Es algo triste cuando los cristianos abusan de la gracia de Cristo. La justicia de Dios prevalece con los demás;

oh, pero Dios hará que sus tiernas misericordias prevalecieran contigo: "Os ruego, hermanos, por las misericordias de Dios, que presentéis vuestros cuerpos un sacrificio vivo" (Ro 12:1). El razonamiento de los santos debe seguir una lógica que va de los compromisos de la misericordia hacia la ampliación en servicio (2 Co 5:14 y 7:1). Siendo beneficiarios de tales promesas preciosas, purguémonos de todas las corrupciones de la carne y el espíritu. Ninguno, sino espíritus venenosos, como una araña, chuparán veneno de tales verdades dulces, o sacarán de la misericordia tales inferencias que pueden ser un estímulo para el pecado.

Sería una triste resolución que los creyentes se hicieran más perezosos y lentos; si lo que los acelerara les aflojare las manos; si un hombre dijera en su corazón, Cristo murió, no necesito orar tanto; Cristo ha hecho todo, por lo tanto, no necesito hacer nada. La doctrina que enseñamos debe fortalecer y no debilitar nuestro compromiso con el deber; debe estimular y no adormecer las afecciones de nuestros corazones; debe enardecer y no enfriar nuestros espíritus.

Peor aún sería si formuláramos argumentos para pecar de la misericordia que hemos recibido. ¿Debería convertirse en un aguijón lo que nos fue dado como remedio? "¿Perseveraremos en el pecado para que la gracia abunde?" (Ro 6:1). "Pero en ti hay perdón, para que seas reverenciado", dice el salmista (Sal 130:4), no para que pequemos, sino para que sirvamos. A los que la ley ha enviado al evangelio, dejemos que el evangelio nos envíe de nuevo a la ley; estudiemos ahora nuestro deber; la abundancia de misericordia requiere una abundancia de deber. Si Dios no hubiera abundado en la misericordia, ¿qué habría sido de nosotros? Y ¿ha abundado en misericordia? Por tanto, abundemos en el deber; obedezcamos por amor de Dios que nos ha dado su Hijo; por amor de Cristo que se ha dado a sí mismo por nosotros; y por amor de la fe que sin la obediencia está muerta. Este el grito de la fe: dame hijos, o moriré. Obedezcamos por el bien de su profesión de su Nombre. Adornemos el evangelio de nuestro Señor y Salvador Jesucristo. ¡Qué vergüenza si se nos dice que la fe no puede hacer lo que la incredulidad puede hacer! ¿Qué dirán los turcos y los mahometanos? ¡Miren, estas son las personas que reverencian a Cristo! ¡Estos son los siervos del Dios crucificado! Profesan a Cristo y, sin embargo, ¡juran y pecan en contra de Cristo! ¿Qué dirán los papistas? Estos son los que predican la fe, y sin embargo son extraños a la obediencia, y viven en el pecado. "Para que la justicia de la ley se cumpliese en nosotros, que no andamos conforme a la carne, sino conforme al Espíritu" (Ro 8:4). La ley es el edicto del Rey: "Si en verdad cumplís la ley real, conforme a la Escritura", dice Santiago, "bien hacéis" (Stg 2:8). Es un edicto del Rey para que vivamos como hijos del Rey en obediencia. "Así, pues, nosotros, como colaboradores suyos, os exhortamos también a que no recibáis en vano la gracia de Dios" (2 Co 6:1). Si no recibimos la gracia en vano, tendremos la voluntad y el poder para obedecer, para atesorar la gracia y para caminar en gratitud. Fue dicho ingeniosamente por uno - y hay algo de verdad en el dicho – "vive como si no hubiera evangelio; muere como si no hubiera ley. Pase el tiempo de esta vida en el desierto de este mundo bajo la conducta de Moisés; pero que nadie más que Josué te lleve a Canaán, la tierra prometida".

El dicho concuerda hasta ahora con la Escritura. Moisés era un hombre de la ley; él dio la ley y a menudo es tomado como representante de la ley: "A Moisés y a los profetas tienen; óiganlos" (Lc 16:29); "hay quien os acusa, Moisés, en quien tenéis vuestra esperanza" (Jn 5:45). Josué era un tipo de Cristo; su nombre significa mucho; él era Jesús, así llamado en Heb 4:8: "Porque si Josué les hubiera dado el reposo, no hablaría después de otro día". Moisés guio a los hijos de Israel a través del desierto, pero Josué fue quien los entregó en Canaán. Así que mientras estamos en el desierto de este mundo, debemos caminar bajo la conducta de Moisés; debemos vivir en obediencia a la ley. Pero no es Moisés sino Josué, no obras sino fe, no obediencia, sino Cristo, quien nos llevará a Canaán. Hagamos lo que podamos mientras vivamos; pero asegurémonos de morir descansando en los méritos de Cristo.

Esto debe ser suficiente bajo nuestra primera propuesta principal; que la sustancia de la ley es una regla de obediencia al pueblo de Dios, y a la que deben conformar sus vidas y su caminar ahora bajo el evangelio. Esto lo hemos demostrado por las Escrituras, por una nube de testigos, por el testimonio concordante de las iglesias reformadas. Esto lo hemos fortalecido con muchos argumentos, y dado algunas aplicaciones de la doctrina.

Capítulo 3
Ley y Gracia

Proposición II: La ley no es incompatible con la gracia

La siguiente parte de nuestra primera pregunta principal resultará menos complicada que la primera, pero si la formulamos bien, a la vez reivindicará la ley y derrocará múltiples opiniones erróneas conflictivas. Nuestra proposición es que nunca hubo fin o uso para el cual se diera la ley que era incompatible con la gracia y que no fuera útil para la progresión del pacto de gracia. Espero formularla bien, y entonces se verá como el evangelio está en la ley; también que la ley no es lo que algunos hombres hacen que sea, es decir, opuesto al evangelio y a la gracia; mostraré que la ley existe a la par con la gracia, y que es útil para el avance de la gracia. Al formular la proposición seguiremos este método:

1) Primero explicaremos los fines principales para los cuales se promulgó la ley;

2) Luego, explicaremos cómo esos fines son consistentes con la gracia y útiles para el avance del pacto de gracia;

y, por lo tanto, no deben cesar bajo la gracia;

3) Responderemos seguido a las objeciones que se planteen en contra de esta doctrina;

4) Y, por último, concluiremos el asunto en pocas palabras haciendo una breve aplicación.

Siete propósitos para los cuales se dio la Ley

En primer lugar, mi labor es mostrar los fines principales para los cuales se promulgó la ley. Hay dos fines principales: uno era político, el otro teológico o divino. El uso político es insinuado por el apóstol en 1 Ti 1: 8-9: "Pero sabemos que la ley es buena, si uno la usa legítimamente; conociendo esto, que la ley no fue dada para el justo, sino para los transgresores y desobedientes, para los impíos y pecadores, para los irreverentes y profanos, para los parricidas y matricidas, para los homicidas"; es decir, la ley se hizo para ellos de tal manera que, si no fuera su gobierno, debería ser su castigo. Tal es el uso político de la ley.

Su segundo gran propósito era divino o teológico; y esto es doble, apreciándose por un lado en aquellos que no son justificados, y por el otro en los que son justificados. En los que no son justificados, la ley primero les revela su pecado, los humilla por el pecado y así, los conduce a Cristo. En los que son justificados actúa ante todo como una doctrina para conducirles al deber, después como un espejo para revelar sus defectos para que puedan mantenerse humildes y correr a Cristo, después como un freno y corrector del pecado, y por último para "redargüir, para corregir y para instruir en justicia

(2 Ti 3: 16).

Debo, sin embargo, declarar los fines principales por los cuales se promulgó la ley:

(1) Para frenar la transgresión; para fijar límites a la naturaleza maldita del hombre caído, no solo revelando el pecado, sino también la ira de Dios contra el pecado: "tribulación y angustia sobre todo ser humano que hace lo malo" (Ro 2: 8-9). Leemos en Gl 3:19 que "la ley fue añadida a causa de las transgresiones". Este versículo es interpretado por San Jerónimo y Crisóstomo como refiriéndose a la restricción de las transgresiones. La ley puede refrenar a los pecadores, aunque no los puede renovar; puede contener y sobornar el pecado, aunque no lo puede curar. Antes de que Dios diera la ley, el pecado tenía un reinado más perfecto. Por la oscuridad de la comprensión de los hombres y la seguridad de sus corazones (Ro 5: 13-14), reinó la muerte, y así el pecado, desde Adán hasta Moisés, como muestra el apóstol. Por lo tanto, Dios dio la ley para mostrarles, no solo el pecado en que andaban, pero también para mostrarles la ira temible de Dios que ellos mismos atrajeron por su pecado, cuyo efecto podría ser para refrenarlos en su curso de pecado y obstaculizar el pecado para que no pudiera tener dominio y reinado tan completo e incontrolado en el alma. Aunque el pecado continuó reinando -pues la gracia que restringe no conquista el pecado, aunque lo suprime y lo detiene - sin embargo, no podría dominarlos por completo. Los pecadores tendrían miedo, y eso serviría para refrenarles en sus caminos de pecado, aunque no los renovara.

Si Dios no hubiera dado una ley severa y terrible contra el

pecado, dada la vileza de los espíritus de los hombres, todos los hombres habrían sido villanos. El diablo no solo hubiera reinado, sino que habría hecho de las suyas con todos los hijos de los hombres. Y, por lo tanto, como se hace con las bestias salvajes, con los lobos y con los leones, los atamos en cadenas para que no hagan el mal que indican sus inclinaciones. Así la ley encadena la maldad de los corazones de los hombres, que no se atreven a cumplir esas inclinaciones lujuriosas que yacen en sus corazones.

Bendito sea Dios que hay este temor sobre los espíritus de los hombres malvados; de lo contrario no podríamos vivir bien en el mundo. Los hombres serían diablos los unos para los otros. Todo hombre sería un Caín a su hermano, un Ammón a su hermana, un Absalón a su padre, un Saúl a sí mismo, un Judas a su maestro; porque lo que un hombre hace, todos los hombres harían, si no fuera por la restricción de la ley sobre sus espíritus. Naturalmente, el pecado es ajeno al sentido y a la vergüenza también. No habría límites al pecado sin la ley. Por lo tanto, tenemos motivo de bendecir a Dios por la ley que se ha dado para restringir la transgresión, que si los hombres no serán tan buenos como deberían ser, sin embargo, siendo restringidos, no se vuelven tan malos como deberían ser. Si no fuera por esto, y por el temor que Dios ha impuesto sobre el espíritu de los hombres malvados por medio de la ley, no habría seguridad.

Los campos, las calles, las casas y las camas habrían estado llenos de sangre, inmundicia, asesinato, violaciones, incesto, adulterio y toda clase de maldad. Si no hubiera una ley, diciendo: "No matarás", los hombres darían puñaladas cada vez que se incendiaran las pasiones. Si no hubiera una ley que dijera: "no hurtarás", los hombres pensarían que el robo, el engaño y la opresión no son otra cosa que una buena política, y la mejor vida sería Ex Rapto Vivere (viviendo por robo). Si no hubiera una ley que dijera: "no cometerás adulterio", los hombres entrarían al lecho de su prójimo y cometerían toda clase de maldad.

Por estas razones, Dios ha dado una ley para establecer límites y vallas para defendernos de las incursiones y violaciones que el pecado nos causaría. El que fija límites al mar furioso, que de otra manera desbordaría la tierra, también fija límites a los pecados de los hombres y a las pecaminosas afecciones. No es menos sorprendente que el diluvio de la lujuria y la corrupción en los hombres no se rompa con el desbordamiento de todos los bancos, que el mar no se rompe sobre nosotros, pero el que fija límites a uno, también ata y restringe al otro. Este, entonces, es un propósito que Dios tiene para dar la ley.

(2) En segundo lugar, la ley fue dada para descubrir y revelar la transgresión, y esto es el verdadero significado de las palabras del apóstol en Gl 3:19: "la ley fue añadida a causa de las transgresiones", es decir, principalmente, que la ley podría ser Instar Speculi (como un espejo) para revelar y descubrir el pecado. Por lo tanto, pregunta el apóstol: "¿La ley es pecado? En ninguna manera. Pero yo conocí el pecado sino por la ley; porque tampoco conociera la codicia, si la ley no dijera, no codiciarás" (Ro 7:7). El apóstol parece decir lo mismo en Ro 5:20: "Pero la ley se introdujo para que el pecado abunda", es decir, que la ley se introdujo para que el pecado pudiese pare-

cer extremadamente pecaminoso. Y este es otro motivo de Dios al dar la ley - para abrir, para revelar, para convencer al alma del pecado. Y esto fue con referencia a la promesa de gracia y misericordia.

Fue por esta razón que Dios dio la ley después de la promesa, para revelar el pecado y para despertar la conciencia; para sacar a los hombres de sí mismos y traerlos a Cristo. Antes de dar la ley, los hombres se sentían seguros. No apreciaron la promesa y la salvación que la promesa ofreció. No veían la necesidad. Por lo tanto, Dios dio la ley para hacer visible el pecado y para revelar nuestra necesidad de la promesa, para que de esta manera la promesa y la gracia pudieran progresar. Al dar la ley, Dios no hizo más que avanzar el propósito de misericordia que tenía al dar la promesa, al tomar un curso para hacer que su evangelio fuera digno de toda aceptación, para que cuando estuviésemos convencidos del pecado, pudiéramos mirar hacia fuera y apreciar al Salvador; cuando estuviésemos aturdidos por la serpiente ardiente, pudiéramos mirar a la serpiente descarada - en todo esto, digo, Dios estaba avanzando el diseño de su propia gracia.

(3) En tercer lugar, la ley fue dada a los hombres humildes por el pecado, y esto es un fruto del primero, como lo tenemos en Ro 3:19-20: "pero sabemos que todo lo que la ley dice, lo dice a los que están bajo la ley, para que toda boca se cierre y todo el mundo quede bajo el juicio de Dios", es decir, sensibles a su propia culpa. No éramos menos culpables antes, pero ahora por la ley los hombres son hechos sensibles de su propia culpa, porque como dice el apóstol, por la ley es el conocimiento del pecado. También está escrito, "donde no

hay ley, tampoco hay transgresión" (Ro 4:15), es decir, no aparece ninguna transgresión donde no hay ley para descubrirla, o ninguna transgresión es cargada sobre la conciencia donde no hay ley para descubrir el pecado. Esto se establece de forma excelente en Ro 5:13-14: "Pues antes de la ley, había pecado en el mundo; pero donde no hay ley, no se inculpa de pecado. No obstante, reinó la muerte desde Adán hasta Moisés, aun en los que no pecaron a la manera de la transgresión de Adán, el cual es figura del que había de venir". El significado es que no había menos pecado, ni culpa y muerte, antes de la ley que después; el pecado reinó, y la muerte reinó sobre todos los hijos de los hombres, y, además, imperó porque reinó en la oscuridad; no había ninguna ley dada por la cual el pecado fuera descubierto y revelado al hombre, y para ponerle el pecado a su cuenta. Y así dice el apóstol: "donde no hay ley, no se inculpa de pecado", es decir, aunque reinó el pecado y la muerte, sin embargo, los hombres estaban seguros y descuidados, y no tenían ley para descubrir el pecado, sus propios corazones no les acusaban del pecado; ellos no se inculpan del pecado a sí mismos. Por lo tanto, Dios renovó la ley, promulgándola desde el Monte Sinaí, para descubrir e inculpar el pecado a los hombres, para cargar el pecado a su cuenta. Permítanme explicar el asunto con una ilustración.

Supongamos que un deudor debe una gran suma de dinero a un acreedor, y el acreedor de pura misericordia promete perdonarle toda la deuda, pero después envía oficiales a arrestarlo; se concluiría que el hombre estaba actuando en contra de sí mismo y que se había arrepentido de sus promesas anteriores, cuando en realidad no había cambiado en absoluto ni se había arrepentido de nada, su único deseo es que su misericordia sea más visible y evidente a los ojos del deudor; por lo tanto, le permite ser llevado a estas extremidades para que se vuelva más agradecido. El caso es el mismo entre Dios y nosotros. Estamos profundamente endeudados con Dios. A Abraham, y a nosotros en él, Dios hizo una promesa de misericordia, pero los hombres eran descuidados, y aunque eran culpables de pecado y, por lo tanto, responsables de la muerte, sin embargo, estando sin una ley que les demostrara el pecado y la muerte a sus conciencias, no pudieron ver la grandeza de la misericordia que les concedió el perdón. De ahí que Dios publicó por Moisés una ley severa y terrible, para revelar el pecado, para acusar a los hombres del pecado y para condenar a los hombres por el pecado. No es que Dios pretenda imponer la sentencia al pecador, porque entonces Dios estaría actuando en contra de sí mismo, sino que así la culpa se haga evidente, para que las lenguas de los hombres se detuvieran y pudieran postrarse para reconocer la grandeza y las riquezas de la gracia y la misericordia. Así fue con Job, como se demuestra en Job 33:16-31. Y de nuevo: "mas la Escritura lo encerró todo bajo pecado, para que la promesa que es por la fe en Jesucristo fuese dada a los creyentes" (Gl 3:22).

(4) La ley fue dada como una brújula de vida, una regla de conducta para los creyentes. Esto ya lo he demostrado: aunque la ley como una carga para la conciencia es removida, sin embargo, no es removida para propósitos de obediencia. Si fuera necesario, podría seguir exponiendo este asunto para fortalecer a los creyentes. La ley moral es ciertamente perpetua e inmutable. Es una verdad eterna que la criatura está obligado a adorar y obedecer a su Creador, y tanto más atado puesto que ha recibido grandes beneficios. Es una verdad tan

clara como la luz. Ciertamente, ser libre de la obediencia es lo mismo que ser siervo al pecado, como ya lo he demostrado.

(5) La ley fue dada, no solo como rector del deber, sino como un espejo para revelar las imperfecciones en nuestro desempeño de deberes, para que pudiéramos mantenernos humildes y ver nuestra propia maldad, y para que pudiéramos vivir menos en nosotros mismos y más en Cristo. La ley fue dada para que nos arrojáramos a Cristo en todas las ocasiones, como un hombre enlodado huye a la fuente para ser lavado y limpiado, porque en Cristo hay misericordia para cubrir y gracia para curar todas nuestras dolencias.

(6) La ley también fue dada para redargüir y corregir el pecado, incluso para los santos; digo, para disciplinarles, y para reprobarles por el pecado. "toda Escritura… es útil para enseñar, para redargüir" (2 Ti 3:16), y esta parte de la Escritura especialmente para estos fines, para ser INSTAR VERBERIS (como un azote), para corregir y castigar la maldad, y corregir al creyente en su pecado. Como dice Juan Calvino: "la ley, por medio de la enseñanza, la advertencia, la amonestación y la corrección, nos equipa para toda buena obra".

(7) La ley se nos fue entregada para ser un estímulo para animarnos al deber. La carne es lenta, y la ley es INSTAR STIMULI (un estímulo) para animarnos en los caminos de la obediencia. Así, pues, ponemos término a nuestra consideración de los fines para los cuales la ley se dio.

Cinco razones por las que la Ley no es incompatible con la gracia

Ahora quiero demostrar que no había fin para el cual la ley fue dada que era incompatible con la gracia o inútil para el pacto de gracia; por lo tanto, la ley permanece en vigor y es útil bajo la gracia.

(1) La ley fue dada para restringir las transgresiones, y ahora tiene la misma utilidad. Restringe a los hombres malvados del pecado, aunque no tiene poder para renovarlos ni para cambiarlos. El miedo puede refrenar al hombre, pero no lo puede renovar. El miedo puede suprimir el pecado, pero solo la fe lo conquista y supera. La ley puede encadenar el lobo, pero es el evangelio que cambia su naturaleza rapaz; el uno detiene los arroyos, el otro cura la fuente; el uno restringe las prácticas, el otro renueva los principios. Y ¿quién no ve que este es el fruto ordinario de la ley de Dios ahora? Fueron las palabras de un hombre santo que dijeron que Caín, en nuestros días, no ha matado a su hermano Abel; que nuestro Ammón no ha profanado a su hermana Tamar, que nuestro Rubén no ha deshonrado el lecho de su padre; que nuestro Absalón no ha conspirado la muerte de su padre. Es debido a que Dios los restringe. Por esta razón se añadió la ley, y para ello continúa, para restringir a los hombres malvados, para poner límites y vallas a la rabia de los corazones de los hombres.

(2) En segundo lugar, la ley fue dada para descubrir y revelar transgresiones y esto no es incompatible con la gracia; no, sirve para avanzarla, y continúa para este fin, incluso para descubrir y revelar transgresiones en los creyentes, para hacer que el pecado y la miseria aparezcan, y por eso significa des-

pertar la conciencia para arrojarnos a Cristo. Por lo tanto, el apóstol pregunta: "¿Para qué sirve la ley? Fue añadida a causa de las transgresiones, hasta que viniese la simiente a quien fue hecha la promesa" (Gl 3:19). Algunos interpretan la palabra "simiente" aquí para significar los santos de Dios, y desprenden este significado, que mientras exista alguno por traerse a Cristo, tanto tiempo habrá el uso de la ley para revelar el pecado tanto en los no regenerados, para que corran a Cristo, como en los renovados, para que aprendan a dirigir toda su fe, esperanza y expectativa hacia Cristo. No evalúo aquí los méritos de esta interpretación, pero hay una verdad firme y es que la ley permanece con nosotros para este propósito, para revelarnos el pecado, "donde no hay ley, no hay transgresión" (Ro 4:15), es decir, no se descubre ningún pecado; donde no hay ley para realizar esta obra, el pecado no aparece. Pero "la ley se introdujo para que el pecado abundase" (Ro 5:20), no solo para traer el pecado a la luz, sino para revelar lo extremadamente miserable que es el pecado. Las palabras del apóstol nos demuestran esta verdad contundentemente, "pero yo no conocí el pecado sino por la ley" (Ro 7:7). La ley revela el pecado. Dice en el versículo 13: "El pecado, para mostrarse pecado, produjo en mi la muerte por medio de lo que es bueno, a fin de que por el mandamiento el pecado llegase a ser sobremanera pecaminoso".

Queda claro, pues, que la ley aún conserva este uso; descubre el pecado en nosotros. "Porque tampoco conociera la codicia, si la ley no dijera: no codiciarás" (Ro 7:7); y de manera similar con todos los pecados. Esta función de la ley se despliega después de que la gracia haya venido, así como antes de la gracia; lo que era pecado antes es pecado ahora; la gracia no altera la naturaleza del pecado, aunque libera al creyente de sus frutos y de su condenación.

(3) En tercer lugar, la ley fue añadida para humillarnos por el pecado. Esto también está de acuerdo con la gracia, y sigue siendo útil en este respecto, aunque algunos lo nieguen. El pecado es la gran razón de la humillación, y lo que es un espejo para descubrir el pecado también humilla el alma ante la revelación del pecado. Con respecto a esto, lea Ro 3:19-20 y Gl 3:22. En este sentido se puede decir que la ley no está en contra de las promesas de Dios (Gl 3:21), "mas la Escritura lo encerró todo bajo pecado, para que la promesa que es por la fe en Jesucristo fuese dada a los creyentes". El apóstol dice que la ley no se opone a las promesas. Los interrogatorios afirmativos que emplea son las negaciones más fuertes. Y demuestra por qué la ley no está en contra de la promesa, pues la ley está subordinada a la promesa.

La ley sirve la causa del evangelio, dice Chamier, porque "al convencer a los hombres de sus obras de condenación, los prepara para buscar la gracia que se encuentra en el evangelio".

La ley condena a los hombres bajo pecado; los humilla, los convence del pecado, para que la promesa sea dada. Por lo tanto, se dice en Gl 3:24: "De manera que la ley ha sido nuestro ayo, para llevarnos a Cristo, a fin de que fuésemos justificados por la fe". Habla de la misma ley que se menciona anteriormente en el capítulo, que es (según el versículo 22) la ley moral. ¿Y cómo es la ley nuestro ayo sino por su capacidad de abrirnos, de humillarnos por el pecado y luego por su capacidad de conducirnos a Cristo? O se puede argumentar que fue la ley ceremonial la que fungió como ayo, y en ese caso la ley moral era su vara. El ayo poco hace sin la vara, ni la ley ceremonial sin la ley moral. Es la ley moral que conduce los hombres a la ley ceremonial, que era en los días anteriores la figura de Cristo, y así la misma ley moral ahora nos conduce a Cristo, no en figura, sino en sustancia.

Así permanece la ley como un instrumento en la mano del Espíritu, para revelarnos el pecado, para humillarnos por él y para que podamos venir a Cristo. Si el vengador de la sangre no hubiera seguido al asesino, nunca habría ido a la ciudad de refugio y si Dios no nos humillara nunca hubiéramos corrido a Cristo. La oferta de Cristo y del perdón antes de que el hombre sea humillado es inaprovechable. El hombre viene a Cristo como vinieron aquellos que fueron invitados a la cena; no les importó. Así, a los hombres no les importa ni el perdón ni la sangre de Cristo. Pero una vez que Dios les haya revelado el pecado; cuando la ley les haya llegado, como llegó a Pablo, con un poder acusador, convincente y humillante, oh entonces, Cristo es precioso, la promesa es preciosa, la sangre de Cristo es preciosa. Yo concibo que este fue el motivo principal por el cual Dios dio la ley después de la promesa, para hacer que los pecadores valoraran la promesa. Los hombres no habrían conocido la dulzura de Cristo si no hubieran probado primero la amargura del pecado.

(4) En cuarto lugar, la ley fue dada como una brújula de la vida y así sigue siendo como ya he demostrado plenamente. Aunque somos hijos, y estamos dispuestos a obedecer, sin embargo, debemos aprender a dirigir esta disposición. Digo,

aunque somos hijos y somos guiados por el Espíritu, y aunque en nuestro amor a Dios estamos listos para todo servicio, sin embargo, necesitamos que la Palabra de Dios sea lámpara a nuestros pies y linterna en nuestro camino. Dios nos ha hecho hijos y nos ha dado una herencia; y ahora nos da una regla para caminar, para que le seamos agradecidos por su rica misericordia. Nuestra obediencia no es la causa ni el fundamento de su acto de adopción, sino la expresión de nuestro agradecimiento y del deber que le debemos puesto que nos ha adoptado. Por lo tanto, Dios no dio primero la brújula y después la promesa; sino que nos dio primero la promesa y luego la brújula para mostrar que nuestra obediencia no era la base de nuestra aceptación, sino que era más bien una declaración de nuestra gratitud al Dios que nos ha aceptado. Así, sigue siendo nuestra brújula en el camino, pero ahora en Cristo. La ley debe ser nuestra brújula en Cristo; debemos obedecer por la fuerza de Cristo. La obediencia comienza por Cristo, no porque trabajemos por un interés en Cristo, sino que tenemos tal interés que podemos trabajar.

La ley, dicen algunos de nuestros teólogos, fue dada con propósitos evangélicos, es decir, con propósitos que sirven al evangelio. Y yo añado que la ley debe obedecerse desde los principios evangélicos, principios arraigados en Cristo. La ley nos muestra lo que es bueno, pero no nos da poder para hacer lo bueno. Es LEX SPIRITUALIS (una ley espiritual), santa, justa y buena; pero no es LEX SPIRITUS (la ley del espíritu); solo en Cristo es la ley del espíritu, como bien lo dice el apóstol en Ro 8:2: "Porque la ley del Espíritu de vida en Cristo Jesús me ha librado de la ley del pecado y de la muerte". La ley nos revela lo que es santo, pero no puede hacernos santos – siempre y cuando sea una regla fuera de nosotros. No puede hacernos santos, porque eso requiere una regla dentro de nosotros.

La ley es un principio dentro de nosotros primero, y luego un patrón fuera de nosotros. No somos santos por imitación sino por implantación. Pero ese principio que se encuentra adentro de nosotros nos envía a la ley en cuanto a la regla externa, por medio del cual debemos conformar nuestras vidas externas. Cuando la ley es nuestro principio, entonces se convierte en nuestro patrón.

(5) En quinto lugar, la ley nos fue dada como un espejo para revelar nuestras imperfecciones en el deber y, por este motivo, la ley permanece con nosotros. A través de la ley percibimos las imperfecciones de nuestros deberes, nuestras gracias y nuestra obediencia. Por este medio, somos mantenidos humildes y cerca de Cristo. La ley nos remueve la confianza que tenemos en nosotros mismos y nos arroja sobre Cristo y sus promesas.

Así hemos visto los propósitos de Dios al introducir la ley; también hemos visto cómo estos propósitos no solo son consistentes con la gracia, sino que también son útiles para el avance de la obra de la gracia. Llegamos a las objeciones que se pueden plantear en contra de esta doctrina, y cuando las haya contestado dejaré esta primera pregunta y daré una aplicación.

Objeciones contestadas
Objeción I: que la ley como pacto es incompatible con la gracia

La primera objeción que trataré es la siguiente: que la ley fue establecida como un pacto, y si es así, se oponía a la gracia y era incompatible con la gracia.

Ciertos pasajes bíblicos parecen enseñar que la ley fue introducida y establecida como un pacto como, por ejemplo, Ex 19:5: "Ahora pues, si dieres oído a mi voz, y guardareis mi pacto, vosotros seréis mi especial tesoro sobre todos los pueblos". Aún más claro aparece en Dt 4:13: "Y él os anunció su pacto, el cual os mandó poner por obra; los diez mandamientos, y los escribió en dos tablas de piedra". Y otra vez - Jer 31:31- 33: "He aquí que vienen días, dice Jehová, en los cuales haré nuevo pacto con la casa de Israel y con la casa de Judá. No como el pacto que hice con sus padres el día que tomé su mano para sacarlos de la tierra de Egipto; porque ellos invalidaron mi pacto, aunque fui yo un marido para ellos, dice Jehová. Pero este es el pacto que haré con la casa de Israel después de aquellos días, dice Jehová: Daré mi ley en su mente, y la escribiré en su corazón; y yo seré a ellos por Dios, y ellos me serán por pueblo". Pasaje citado en Heb 8:7-9 con la explicación, "Porque si aquel primero hubiera sido sin defecto, ciertamente no se hubiera procurado lugar para el segundo". Estos pasajes parecen mostrar muy claramente que la ley fue dada como un pacto de obras a los judíos. Y como pacto de obras no sería consistente con la gracia y, por lo tanto, se argumenta que había ciertos fines para los cuales la ley fue introducida que no eran consistentes con la gracia.

Para despejar estas dificultades, diremos que los teólogos han distinguido entre varios tipos de pactos. Algunos de ellos han establecido estos tres: un pacto de la naturaleza, un pacto de gracia y un tipo mixto de pacto que consiste en la naturaleza y la gracia. Otros teólogos han distinguido lo siguiente:

Foedus Natura o ese pacto que Dios hizo con el hombre en inocencia.

Foedus Promissi o el pacto de gracia y promesa, que se hizo con Adán después de su caída en las palabras: La simiente de la mujer herirá la serpiente en la cabeza, y renovado a Abraham en Gn 15, pero más claramente en Gn 22:18: "En tu simiente serán benditas todas las naciones de la tierra". Así funciona el pacto de gracia.

Foedus Opera o el pacto de obras que se hizo con los judíos, al interpretar los versículos ya citados, Ex 19: 5 y Dt 4:13:

Aún otros hacen los tres pactos para ser los siguientes:

Foedus Natura o el pacto de la naturaleza hecho con Adán.

Foedus Gratiae o el pacto de gracia hecho con nosotros en Cristo.

Foedus Subserviens o el pacto condicional que, dicen ellos, fue el pacto hecho aquí con los judíos simplemente por vía de sumisión al pacto de gracia en Cristo, un pacto de preparación, para hacer el camino para el avance del pacto de gracia en Cristo. Esto, dicen, como pacto, ya ha desaparecido, aunque su condicionalidad aún permanece.

Otros dicen que nunca hubo más de dos pactos hechos con el

hombre, uno de obras, el otro de gracia, el primero en el estado de inocencia, el otro después de la caída. Sin embargo, agregan que este pacto de gracia fue dispensado a los judíos de manera legal de modo que parece ser nada más que la repetición del pacto de obras. Con respecto a esta dispensación legal, el mismo pacto bajo la ley se llama pacto de obras, pero bajo el evangelio con sus manifestaciones más claras, se llama pacto de gracia. Se postula, pues, que no eran dos pactos distintos, sino uno y el mismo pacto dispensado de manera diferente.

Pero el hecho de que la ley no podría ser un pacto de obras en el sentido pleno se demuestra con los siguientes argumentos:

(1) No puedo concebir un pacto de obras bajo el cual un Dios santo se une con un pueblo pecador que no fuera el pacto descrito en Jer 31-33, Dios se unió a su pueblo ("aunque fui yo un marido para ellos"). Por lo tanto, no podía ser un pacto de obras.

(2) Un pacto de obras no puede ser un pacto que muestra la misericordia de Dios a hombres pecadores, pero este pacto era un pacto de misericordia. Fue establecido con propósitos misericordiosos, en sumisión al Evangelio, como lo muestra el apóstol en Gálatas, capítulo 3.

(3) Si la ley fuera dada como un pacto de obras, entonces se opondría a la promesa, y la contradeciría; pero el apóstol muestra que esto no es así: "¿Luego la ley es contraria a las promesas de Dios? En ninguna manera" (Gl 3:21). Pero si la

ley fue establecida como un pacto de obras, entonces estaba diametralmente opuesta a las promesas; porque si la salvación es de obras, entonces no es de gracia.

(4) Nunca puede ser un pacto de obras el que fue añadido al pacto de gracia; pero el apóstol muestra que la ley fue añadida a la promesa (Gl 3:19). Si se hubiera añadido como un pacto, entonces se derribaría la naturaleza de la promesa. Pero se agregó para que la naturaleza de la promesa se preservara. Pero si hay algo de obras aquí, eliminaría la gracia y derrocaría la naturaleza de la promesa. Por lo tanto, no se añadió como un pacto, ni se añadió como un ingrediente de la promesa, como si la justificación llegara al hombre en parte trabajando y en parte creyendo, porque esto derrocaría la libertad de la promesa mencionada en Ro 11:6: "Y si por gracia, yo no es por obras; de otra manera la gracia ya no es gracia". Pero fue añadida en sumisión a la promesa, como dice el apóstol: "fue añadida por las transgresiones". Fue añadida a la promesa, o al pacto de gracia, como para ayudarlo y avanzarlo, no para subvertirlo y destruirlo. Por lo tanto, no podía agregarse como un pacto de obras.

(5) Un quinto argumento puede ser tomado de Gl 3:17: "la ley que vino cuatrocientos treinta años después, no lo abroga, para invalidar la promesa". Pero si Dios hubiera introducido la ley como un pacto, habría anulado la promesa. También habría declarado que Dios es cambiable, lo cual no puede ser, porque, como dice el apóstol, "pero Dios es uno" (Gl 3:20); él es el mismo en su gracia y propósito para los pecadores, aunque parece, al dar la ley después de la promesa, arrepentirse de su antigua misericordia, y por este medio cancelar o revo-

car lo que había hecho anteriormente. Sin embargo, tal cosa no puede ser cierta, pues Dios es uno; él es el mismo en todo. Este pacto fue establecido por juramento (Heb 6:17-18), y cuando Dios jura, no puede arrepentirse (Sal 110: 4). Si Dios estableció la ley como un pacto después de haber dado la promesa, o bien hubiera mostrado la mutabilidad en su voluntad, o bien la contradicción en sus actos; ninguna de las dos consecuencias puede ser. Por lo tanto, la ley no podía ser un pacto de obras.

(6) Si el propósito de Dios era de dar vida y salvación a los hijos perdidos de los hombres por un pacto de gracia, entonces nunca hubiera establecido la ley como un pacto de obras para ese fin. Pero este fue su propósito, como nos dice el apóstol en Gl 3:18: "porque si la herencia es por la ley, ya no es por la promesa; pero Dios la concedió a Abraham mediante la promesa". Como si hubiera dicho, nunca fue el propósito de Dios dar vida por medio de la ley, porque la había dado antes de otra manera, es decir, por medio de la promesa. Por lo tanto, nunca fue su intención dar la vida por medio de la ley.

(7) Si la ley era un pacto de obras, entonces los judíos estaban bajo un pacto diferente de nosotros, y así ninguno fue salvo. Pero el apóstol dice: "creemos que por la gracia del Señor Jesucristo seremos salvos, de igual modo que ellos (los gentiles)" (Hch 15:11); por lo contrario, ambos están bajo un pacto de obras y un pacto de gracia. Pero esto no podría ser, ya que el pacto de obras y el pacto de gracia son completamente inconsistentes el uno con el otro.

(8) Dios nunca nombra nada para un fin del cual la cosa designada es inservible e inadecuada. Pero la ley era totalmente inservible e inadecuada para este fin, para dar vida y salvación: El apóstol nos dice que la ley no podía hacerlo (Ro 8: 3). También en Gl 3:21 dice: "si la ley dada pudiera vivificar, la justicia fuera verdaderamente por la ley", lo que implica que no podía hacerlo, y por lo tanto Dios nunca la introdujo para ese propósito.

(9) El afecto que tiene Dios para los pecadores no podría haber resultado en un pacto de obras después de la caída; porque el hombre no lo podía cumplir; estaba muerto e impotente. Además, era contrario a la naturaleza de un pacto; el hombre era impotente y no podía figurar como parte en pacto con Dios.

Además, si se considera la naturaleza de un pacto de obras, se verá claramente que es imposible que la ley sea un pacto de obras:

(a) El pacto de las obras es un pacto entre dos amigos. Es un pacto de amistad. Pero Dios no podía hacer tal pacto con el hombre caído. Éramos enemigos de Dios, pecadores culpables; por lo tanto, no pudo haberse hecho un pacto de amistad. En efecto, podría haber un pacto de gracia hecho con el hombre, porque ese es un pacto de reconciliación, y tal pacto podría ser hecho con enemigos; pero no podría haber un pacto de obras, porque es un pacto entre amigos, y después de la caída no éramos amigos sino enemigos.

(b) El pacto de obras era un pacto en el que cada parte tenía su obra. Era un pacto condicional; el hombre tenía algo que hacer si esperaba recibir lo prometido. Pero un pacto tal Dios no podía haber hecho con el hombre después de la caída, pues el hombre no podía cumplir sus términos ni llevar a cabo sus condiciones. Por lo tanto:

(c) El pacto de obras era un pacto que no podía renovarse. Si el hombre lo rompiera una vez, sería deshecho para siempre. Pero el pacto que Dios hizo realmente con el hombre fue capaz de ser renovado, y los hombres renovaron frecuentemente el pacto con Dios. Por lo tanto, este no podría ser el pacto de obras. Claramente, entonces, no era un pacto de obras que Dios hizo con los judíos.

Objeción II: que la ley no es el pacto de gracia ni un tercer pacto y por lo tanto debe ser un pacto de obras.

Pero un detractor puede decir: un pacto era, y así es llamado. Si es así, o es un pacto de obras, o un pacto de gracia, o de otra manera un DATUR TERTIUM (dado como un tercero), es decir, un tercer pacto, o un pacto medio. Pero como no hay pacto medio y no es un pacto de gracia; por lo tanto, debe ser un pacto de obras.

Respondo: Si por tercer pacto se entiende un pacto medio, que consiste en parte de obras y en parte de gracia, bajo el cual los judíos fueron colocados, y por el cual fueron salvos, niego rotundamente cualquier pacto de este tipo. Porque tal pacto jamás se ha hecho con el hombre caído y no puede haber ningún curso intermedio entre las obras y la gracia. El apóstol dice claramente que si es de obras no es de gracia. Si el hombre hubiera tenido que hacer algo para ayudarse en obtener la vida, aunque fuera la cosa más mínima, y si el evangelio hubiera proporcionado todo lo demás, habría resultado un pacto de obras, y completamente inconsistente con el pacto de gracia. Porque, como dice San Agustín, "la gracia no puede llamarse gracia, si no es gracia en todos los sentidos". Si el hombre trajera cualquier cosa, que no fuera de Dios, aunque fuere algo pequeñísimo, anularía la naturaleza de la gracia, y resultaría en que fuera por obras que es por gracia. Si un hombre nos pide un centavo para comprar un terreno, aunque el saldo se le demos sin pedir nada a cambio, sin embargo, ese centavo impediría que fuera un regalo y restaría de la gracia presente en la transacción. Es lo mismo aquí. Y por esa razón rechazo por completo la noción de un pacto medio.

Hay dos opiniones más que mencionaré en este apartado. Algunos hombres piensan que no es un pacto de obras, ni un pacto de gracia, sino un tercer tipo de pacto distinto a los dos. Otros piensan que es un pacto de gracia, pero dispensado de una forma más legal.

Los que lo consideran un tercer pacto hablan de un pacto preparatorio, o un pacto subordinado, un pacto que fue dado en preparación del pacto de gracia, y con el fin de establecer o avanzar el pacto de gracia. Los que sostienen este punto de vista dicen que hay tres pactos distintos que Dios hizo con la humanidad - el pacto de la naturaleza, el pacto de gracia, y el pacto subordinado.

El pacto de la naturaleza fue el pacto por medio del cual Dios requería de la criatura una obediencia perfecta a todos los mandamientos divinos, con la promesa de una vida bendita en el Paraíso si el hombre obedeciera, pero con la amenaza de muerte eterna si desobedeciera. El propósito de este pacto fue una declaración de la virtud que agrada a Dios y el pecado que lo desagrada.

El pacto de gracia fue el pacto por medio del cual Dios prometió perdón de pecados y vida eterna, por la sangre de Cristo, a todos aquellos que acudieran a Cristo en fe y arrepentimiento. El propósito de este pacto fue de declarar las riquezas de la misericordia de Dios.

El pacto subordinado, conocido también como el antiguo pacto, fue el pacto por el cual Dios requería obediencia de los israelitas en relación con las leyes morales, ceremoniales y judiciales. Las bendiciones de la posesión de Canaán se prometieron a base de la obediencia, y maldiciones y miserias a aquellos que rompieran el pacto, y todo con el fin de que Dios pudiera así animar los corazones de los suyos con la expectativa del Mesías que habría de venir.

Este pacto subordinado o antiguo es el que Dios hizo con el pueblo de Israel en el Monte Sinaí, para prepararlos para la fe, y para henchirles con el deseo de la promesa y de la venida de Cristo. A la vez dicho pacto servía como un freno para guardar el pueblo del pecado, hasta que llegara el momento en que Dios enviaría el Espíritu de adopción a sus corazones para gobernarles con un espíritu de libertad.

Este pacto, del cual la ley moral forma parte, y que aquí se llama el pacto subordinado (bajo el cual estaban los judíos), se describe como un tercer pacto distintivo e intermediario entre el pacto de la naturaleza y el pacto de la gracia. Se han delineado los puntos de diferencia y similitud entre este pacto subordinado y los pactos de la naturaleza y de la gracia. Consideremos primero las diferencias y similitudes entre este pacto y el pacto de la naturaleza. Las similitudes son las siguientes:

(1) En ambos pactos (i. e. el de la naturaleza y el subordinado), el pacto involucra dos partes: Dios y el hombre.

(2) Ambos pactos también son condicionales.

(3) La condición es, en general, la misma: 'Haz esto y vivarás'.

(4) La promesa es, en general, la misma - el Paraíso y Canaán.

Estas son las similitudes. Ahora mostraré las diferencias:

(1) El pacto de la naturaleza fue hecho con todos los hombres, pero el pacto subordinado fue hecho solo con los israelitas.

(2) El pacto de la naturaleza nos lleva a Cristo, no directamente sino de forma oblicua y "por accidente" (accidentalmente); pero el antiguo pacto o el pacto subordinado nos lleva a Cristo con intención deliberada y PER SE (de sí mismo), porque este era el propósito verdadero y apropiado que Dios apuntaba al entregarlo. "Dios no hizo el pacto de la naturaleza con el hombre, para que él, siendo agobiado con el peso de ella, fuera a Cristo. Al entregarlo, Dios quiso obtener del

hombre lo que propiamente se le debía. Pero en el pacto subordinado Dios obtiene del hombre lo que le debe por ningún otro motivo que el de convencerle de su debilidad e impotencia, para que pudiera arrojarse a Cristo".

(3) El pacto de la naturaleza fue hecho con el hombre, para que por ese pacto los hombres pudieran ser llevados dulcemente en un curso de obediencia, porque dicha ley estaba inscrita en sus corazones. Pero el pacto subordinado fue hecho para obligar a los hombres a rendir obediencia, pues no engendró por naturaleza la esclavitud (Gl 4:24).

(4) El pacto de la naturaleza debía ser eterno, pero el pacto subordinado no fue sino por un tiempo.

(5) El pacto de la naturaleza no se suponía que refrenara los pecados externos, ni en sus usos principales ni en sus usos menores, pero el antiguo pacto en sus usos menores tenía esto en vista, como se explica en Ex 20:20: "Y Moisés respondió al pueblo: No temáis; porque para probaros vino Dios, y para que su temor esté delante de vosotros, para que no pequéis".

(6) El pacto de la naturaleza estaba inscrito en el corazón, pero el pacto antiguo se escribió en tablas de piedra.

(7) El pacto de la naturaleza fue hecho con Adán en el Paraíso, pero el pacto subordinado fue hecho en el Monte Sinaí.

(8) El pacto de la naturaleza no tenía mediador; el pacto subordinado tenía a Moisés como mediador.

(9) El pacto de la naturaleza fue hecho con el hombre en el estado de inocencia, el subordinado fue hecho con una parte de la humanidad caída.

Estos son las principales similitudes y diferencias entre el pacto de la naturaleza y el pacto subordinado. Ahora mostraremos las similitudes y diferencias entre el pacto subordinado y el pacto de gracia. Primero los puntos de similitud: Dios es el Autor de ambos, ambos son contratados con hombres caídos, ambos revelan el pecado, ambos traen a los hombres a Cristo, ambos son contratados por un mediador, y en ambos, la vida es prometida.

Sus puntos de diferencia son los siguientes:

(1) En el pacto subordinado, Dios condena el pecado y aprueba solamente la justicia, pero en el pacto de gracia Dios perdona el pecado y renueva la santidad en el hombre caído.

(2) Difieren en la estipulación o condición que se adjunta a cada uno: en el antiguo pacto se decreta, "Haz esto y vivirás"; en el nuevo, "Cree y serás salvo".

(3) Difieren, además, en edad. La promesa era más antigua que la ley. Se registra que la ley fue agregada a la promesa cuatrocientos treinta años después de que la promesa fue dada (Gl 3:17).

(4) El pacto subordinado restringe al hombre coercitivamente, con el látigo; pero el pacto de gracia obra en el hombre una inclinación de espíritu dispuesta, como un niño, para que la

obediencia sea libre y natural.

(5) En el pacto subordinado, se da el espíritu de esclavitud, pero en el pacto de gracia se da el Espíritu de la adopción.

(6) El antiguo pacto aterrorizaba a la conciencia; el pacto de gracia la conforta.

(7) El objeto del antiguo pacto era el hombre dormido, o más bien, el hombre muerto en pecado; el objeto del nuevo pacto es el hombre despierto y humillado por el pecado.

(8) El pacto antiguo demuestra la manera de servicio, pero no habilita para el servicio; el nuevo demuestra el camino y habilita para poder servir.

(9) Ambos pactos prometen la vida: el uno en Canaán y el otro en el cielo.

He explicado la opinión de ciertos teólogos que, aunque no parecen superar todas las dificultades, son, sin embargo, razonables. La razón principal que subyace a la opinión parece ser esta. Se dice que la ley es un pacto, como he demostrado en varias Escrituras, y si es así, es un pacto de obras, o de gracia, o un tercer tipo de pacto - ni un pacto de obras ni un pacto de gracia.

No puede ser un pacto de obras, como ya he explicado anteriormente, porque ya había un antiguo pacto, un pacto de gracia y esto no fue sino añadido a él, no por oposición al pacto de obras sino de forma subordinada. Además, este pacto, siendo transgredido, era posible renovarse. No se puede decir lo mismo de un pacto de obras. Y una vez más, cuando se había transgredido, el pueblo no quedó sin esperanza, sino que tenía la libertad de apelar a la ley al evangelio, a la justicia de un Dios ofendido y a la misericordia de Dios que es capaz de perdonar y cubrir su pecado, tal como solía hacer la gente frecuentemente cuando imploraban por misericordia y perdón por el bien de su Nombre: "por tu nombre perdónanos, y por tu nombre cubre nuestras transgresiones"; bajo las cuales se presagiaba a Cristo.

Una vez más, si hubiera sido un verdadero pacto de obras, un pacto de vida y muerte, entonces Dios no podría haber tenido misericordia, ni perdón. El hombre tendría que haber perecido. Pero el apóstol nos dice lo contrario: "creemos que, por la gracia del Señor Jesucristo, seremos salvos, de igual modo que ellos" (Hch 15:11). Entonces habría sido totalmente inconsistente con el pacto de gracia; habría algunos fines y usos para los cuales la ley fue promulgada que eran totalmente destructivos para la promesa y para el pacto de gracia. Pero ya he demostrado que no había tales fines en la ley. Por lo tanto, debemos concluir que el antiguo pacto no contradice el pacto de gracia; por lo tanto, no pudo haber sido un pacto de obras. Si es así, dicen estos teólogos, entonces tiene que ser un pacto de gracia o algún otro tipo de pacto.

Pero dicen que no podría ser un pacto de gracia. Como nuestros teólogos consideran que parte de nuestra libertad en Cristo es que somos liberados de la ley como un pacto, y si la ley fuera un pacto de gracia, dispensado y administrado por medio de la ley, pareciera mejor decir que estamos liberados

Los verdaderos límites de la libertad cristiana

de este aspecto de la ley en lugar de decir que somos liberados de la ley como un pacto. Por lo tanto, si dicen que somos liberados de la ley como un pacto, la ley no puede considerarse un pacto de gracia. Este parece ser el razonamiento que subyace la opinión.

Si no es un pacto de obras, ni un pacto de gracia, entonces necesariamente tiene que ser un pacto de otro tipo: y este pacto no puede oponerse a la gracia, ni tampoco puede ser inconsistente con el pacto de gracia, pues si fuera así, entonces habría en Dios una contradicción, y derrocaría su propio propósito, y se arrepentiría de la misma promesa que él mismo antes había hecho. Por esa razón, se llama un pacto subordinado. Fue dado de forma subordinada al evangelio y a una revelación más completa del pacto de gracia; era temporal, y se trataba de Canaán y a la bendición de Dios allí, si es que Israel hubiera obedecido. No tenía que ver este pacto con el cielo, pues el cielo se prometió por medio de otro pacto que Dios hizo antes de que entrara en el pacto subordinado. Esta es la opinión que yo deseo modestamente proponer, porque no me he convencido de que es perjudicial para la santidad o contrario a la mente de Dios revelada en las Escrituras.

Hay, sin embargo, una segunda opinión en la que encuentro que la mayoría de nuestros teólogos más santos y eruditos coinciden; a saber, que, aunque la ley se llamara pacto, no era un pacto de obras para la salvación; ni era un tercer pacto de obras y gracia; pero era el mismo pacto, según su naturaleza y diseño, que encontramos bajo el evangelio, incluso el pacto de gracia, aunque dispensado a los judíos de forma legal. No difiere en sustancia del pacto de gracia, sino en grado, dicen algunos teólogos, en su economía y administración externa. Los judíos, coinciden, estaban en la infancia, y por ello estaban bajo "un ayo". En este sentido, el pacto de gracia bajo la ley es conocido entre estos teólogos como FOEDUS VETUS (el antiguo pacto), y bajo el evangelio FOEDUS NOVUM (el nuevo pacto): véase Heb 8:8: "Porque reprendiéndolos dice: He aquí vienen días, dice el Señor, En que estableceré con la casa de Israel y la casa de Judá un nuevo pacto".

El uno fue llamado antiguo, y el otro nuevo, no porque el uno estaba precedía al otro por unos cuatrocientos treinta años, sino porque las administraciones legales mencionadas estaban envejeciéndose y decayéndose y estaban listos para desaparecer y dar lugar a una administración mejor y más excelente. "Lo que decayere y envejeciere está listo para desaparecer". El pacto antiguo se administró de forma más oculta u obscurecida con sombras; mientras que el nuevo fue administrado de manera más clara y perspicaz. El antiguo era más oneroso y gravoso, el nuevo más fácil y encantador. El antiguo se administró a través de los medios legales según la esclavitud, el nuevo se administra según la libertad dada a los hijos. Todo esto puede verse claramente en el Col 2:17; Heb 10:1; Gl 3:1-4:3. Por lo tanto, como nos dice Alsted, los pactos nuevos y antiguos, los pactos de la ley y del evangelio, son ambos realmente pactos de gracia, que sólo difieren en su administración. Esto se aprecia en Lc 1:72-75: "Para hacer misericordia con nuestros padres, y acordarse de su santo pacto; del juramento que hizo a Abraham nuestro padre, que nos había de conceder que, librados de nuestros enemigos, sin temor le serviríamos en santidad y en justicia delante de él, todos nuestros días. Y tú, niño, profeta del Altísimo serás llamado; porque irás delante de la presencia del Señor, para preparar sus caminos."

¿Qué era su pacto santo? En el versículo 74 se aclara que en esencia era lo mismo que el pacto de gracia: "que, librados de nuestros enemigos, sin temor le serviríamos."

Para mantener la brevedad, haré un resumen de los pensamientos de aquellos que mantienen esta segunda opinión. Afirman que:

(1) Nunca hubo más de dos pactos hechos con la humanidad, que sostenían la vida y la salvación; el primero fue el pacto de obras, hecho con el hombre en el estado de inocencia; la otra es el pacto de gracia, hecho después de la caída.

(2) No ha habido nunca más que un camino de salvación, uno solo, desde la caída, y ese camino siempre ha sido por un pacto de gracia; Dios nunca estableció otro pacto de obras después de la caída; ahora nos dispone a creer, sin tener que ganarnos la vida.

(3) Sin embargo, toda la posteridad de Adán yace bajo el pacto de obras, como Adán la dejó después de su caída, hasta que se acerquen a Jesucristo.

(4) La ley nunca fue dada como un pacto de obras, sino que fue añadida a la promesa por medio de la subordinación al pacto de gracia.

(5) Aunque la ley fue dada con propósitos misericordiosos, y

como subordinada al pacto de gracia, sin embargo, parece llegar al hombre como si fuera otro pacto de obras bajo el cual el hombre tiene que obedecer para vivir. O más bien, el pacto de gracia bajo el Antiguo Testamento parece presentarse como si aun fuera un pacto de obras para el hombre. Y el pacto de gracia, como el sol en el firmamento, al elevarse a su cenit, se vuelve cada vez más claro. De Adán a Moisés no había más que tinieblas; de Moisés al tiempo de los profetas la luz comenzó a aparecer. La luz estaba aún más clara cuando Juan el Bautista comenzó su ministerio. Entonces vino el ministerio de Cristo mismo, cuando hubo manifestaciones más claras y gloriosas del pacto, porque reveló los consejos del seno de su Padre. Después de la resurrección de Cristo y el derramamiento del Espíritu Santo, el libro antes cerrado se abrió completamente, para que el que corre pueda leer. Por lo tanto, algunos han llamado el pacto de gracia antes de la venida de Cristo, FOEDUS PROMISSI (el pacto de la promesa); y ahora, bajo el evangelio, el pacto de gracia debido a su desarrollo pleno, claro y amplio. Las sombras que lo ocultaron en el pasado han sido despejadas y toda la plataforma del diseño de Dios para salvar al hombre por pura gracia se revela tan claramente que cualquiera puede leerlo.

Objeción III: dada la oposición de los pactos de la ley y de la gracia, la ley no tiene vínculo con la gracia
Ahora llegamos a la tercera objeción planteada por algunos, a saber, un pacto hecho en términos opuestos al pacto de gracia no puede describirse como un pacto de gracia, sino que tiene que ser un pacto de obras. Como la ley se mantuvo en términos opuestos a la gracia, es un pacto de obras. Yo respondo así:

Se manifiesta que la ley se entrega bajo términos opuestos a la gracia, porque la ley exige cumplirla, mientras que la gracia exige creerla. Así lo vemos, por ejemplo, en Lv 18:4-5: "mis ordenanzas pondréis por obra y mis estatutos guardaréis, andando en ellos. Yo Jehová vuestro Dios. Por tanto, guardaréis mis estatutos y mis ordenanzas los cuales haciendo el hombre, vivirá en ellos; Yo Jehová". Y de nuevo en Ez 20:11: "y les di mis estatutos, y les hice conocer mis decretos, por los cuales el hombre que los cumpliere vivirá". Y de nuevo en Gl 3:12: "y la ley no es de fe, sino que dice: el que hiciere estas cosas vivirá por ellas".

Pero estos pasajes pueden ser explicados así. La Palabra no dice: "el que los haga vivirá por ellos", pero "vivirá en ellos". Vivimos en obediencia, pero no vivimos por obediencia. Hay mucha diferencia entre las dos afirmaciones.

Para no evadir la diferencia, veámosla claramente registrada en Ro 2:13: "porque no son los oidores de la ley los justos ante Dios, sino los hacedores de la ley serán justificados". Que el apóstol hable aquí de la ley moral se demuestra en los versículos 21 y 22 en que hace referencia directa a la ley moral. También en Ro 10:5-11: "porque de la justicia que es por la ley de Moisés escribe así: el hombre que haga estas cosas vivirá por ellas. Pero la justicia que es por la fe dice así ... todo aquel que en él creyere, no será avergonzado". De modo que la ley parece oponerse a la gracia. Esta es la objeción que se presenta y que he demostrado en toda su plenitud. Si la oposición se puede resolver, entonces se rebate la objeción.

Ahora, junto a todo esto podría señalar otras Escrituras. Por ejemplo, Gl 3:11: "y que por la ley ninguno se justifica para con Dios, es evidente, porque: El justo por la fe vivirá". O también Gl 3:21: "¿Luego la ley es contraria a las promesas de Dios? En ninguna manera; porque si la ley dada pudiera vivificar, la justicia fuera verdaderamente por la ley". Es decir, si la ley hubiera podido justificar y salvar a cualquier hombre, Dios nunca habría enviado a Cristo. Pero, "ya que por las obras de la ley ningún ser humano será justificado delante de él; porque por medio de la ley es el conocimiento del pecado" (Ro 3:20; véase también Sal 143:2). "Porque todos los que dependen de las obras de la ley están bajo maldición" (Gl 3:10). Si todos los que buscan la vida por medio de la obediencia a la ley están bajo maldición, entonces Dios no estableció la ley para que tengamos la vida por medio de la obediencia. "La ley entró para que el pecado abundase", dice el apóstol, y si la ley fue dada para mostrar toda la extensión y el peso del pecado, entonces seguramente no hay posibilidad de que el hombre sea justificado por medio de la ley. Además, la ley se entregó cuatrocientos treinta años después de la promesa. Dios prometió la vida y la justificación por medio de la fe, y si después hubiera dado la ley para que el hombre pudiera tener vida por medio de las obras, entonces habría actuado en contra de sí mismo. Se habría mostrado mutable en su propósito, como si se arrepintiera de su antigua misericordia. Pero como esto no puede ser; tampoco puede ser que la obediencia a la ley produjera en cualquier momento la justificación.

Además, Dios no podía esperar que los hombres ameritaran la vida por medio de obras, pues la promesa de vida fue dada antes de que pudieran realizar obra alguna. Cristo dijo: "sin mí nada podéis hacer". No tenemos vida sin Cristo; él es nuestra vida. El que tiene al Hijo tiene vida, y el que no tiene al Hijo no tiene vida "que venga yo, por muy débil que esté, a ti", dijo Crisóstomo, "no es posible excepto por medio de ti". Los hombres muertos no pueden obrar. Somos incapaces de obrar para alcanzar la vida. En efecto, en Cristo somos avivados para que podamos hacer buenas obras.

Una vez más, Dios nunca se propuso darle al hombre la vida por medio de la obediencia, pues había decretado otra manera de otorgarle la vida al hombre, como leemos claramente en Gl 3:11 donde el apóstol debate este mismo asunto: "Y que por la ley ninguno se justifica para con Dios, es evidente". Y ¿cómo es evidente? Pues dice, "el justo por la fe vivirá". Es como si hubiera dicho, Dios ha decretado otro camino a la vida, y por lo tanto seguramente la ley no es el camino.

Sin embargo, el objetor puede decir, parece como si la ley nos exigiera las buenas obras, y nos prometió la vida por hacerlas; y si es así, entonces ciertamente la ley se opone a la gracia, y por lo tanto no puede ser un pacto de gracia, ni un pacto subordinado a la gracia. Y si la ley y la gracia no se oponen, ¿cómo entenderemos la Escritura, "haz esto y vivirás"?

En respuesta a esta objeción, propongo seis o siete cuestiones concretas para considerar:

(1) "Haz esto y vivirás" no se refiere únicamente a la ley mo-

ral, sino también a la ley ceremonial (como en Lv 18:4-5), que era el evangelio de los judíos. Esto se aprecia con claridad si consideramos la ley ceremonial no como un apéndice a la ley moral, sino como un retrato tipológico de Cristo, de modo que todo cordero inmolado apuntaba a Cristo y anunciaba: "he aquí el Cordero de Dios que quita el pecado del mundo". El evangelio fue administrado de manera ensombrecida en la ley ceremonial.

(2) "Haz esto y vivirás" no se trataba principal y primordialmente de la ley independientemente de la promesa, sino que se refería a la ley y a la promesa en conjunto; no se refería a la ley exclusivamente sino inclusivamente, incluyendo la promesa, y con la promesa como parte de esta.

(3) Dios no regatea con el hombre. No es "Haz y vive por el hacer", sino más bien "haz y vive haciendo". Podemos vivir en obediencia, aunque no lo hacemos, pero no podemos obtener la vida por medio de la obediencia. No podríamos vivir haciendo hasta que tuviéramos vida; pero la vida no es por el obrar sino por el creer, como dice Cristo, "no vendréis a mí para que tengáis vida"; aquí, claramente, no fue por obras, sino por gracia. Si hubiera habido una ley que pudiera haber dado vida, ya sea vida, que pudiésemos obedecer, o vida en base a nuestra obediencia, la justicia de verdad debería haber sido por la ley.

(4) Algunos escritores piensan que Dios, después de haber dado la promesa de la vida, después haber dado la vida por la fe, republicó el pacto de obras en la ley, para darle al hombre la opción de ser salvos por obras o por fe. Esto Dios lo hizo

para vaciarlos de sí mismos, y enseñarles la locura de pensar que podían obtener la vida por medio de la obediencia. Por lo tanto, Dios los pone a prueba; y para que no piensen que se les trató sin justicia. Dios republica el pacto anterior con el fin de dar la opción de ser salvos por obras o de ser salvos por la fe. Una vez convencido de su propia impotencia, el hombre podría ver, admirar, adorar y glorificar la misericordia de Dios que en su promesa envió a un Cristo para salvar a aquellos que no pudieron ameritar salvación por sí mismos.

(5) Otros piensan que 'haz esto y vivirás' se refiere simplemente a una vida próspera en la tierra de Canaán. Si el pueblo se conformara a la ley que Dios les había dado, y le obedeciera en sus mandamientos, entonces vivirían, y vivirían de manera prosperada en la tierra de Canaán que él les había dado: bendeciría su canasta y su almacén, y les daría muchas otras bendiciones, como se indica en Dt 28.

(6) Otra interpretación es la siguiente: 'haz esto y vivirás', aunque se dirigió al pueblo de Israel en persona, no terminó con ellos, sino que a través de ellos se dirigió también a Cristo, quien cumplió toda justicia por nosotros, y compró la vida por medio de su propia obediencia.

Algunos de estos seis puntos los rechazo por completo, pero los expuse para mostrar la variedad de interpretaciones que se han propuesto. Voy a esbozar brevemente mis propias ideas sobre el asunto.

Yo concedo que, visto externamente, la ley y el evangelio parecen estar en oposición entre sí. Pero en el caso de la ley, sus propósitos estaban subordinados a Cristo y a la gracia. Porque la ley estaba destinada a despertar a los hombres, a convencerlos de su propia impotencia, a humillarlos por su impotencia, y a conducirlos a Cristo para salvación. Si miramos la ley independientemente del evangelio, parece haber una clara oposición. Si entendemos por la ley que el hombre debe obrar para obtener la salvación y la vida, entonces ciertamente está en contra de las promesas de Dios. Pero el apóstol se ocupa de este asunto cuando hace la pregunta: "¿luego la ley es contraria a las promesas de Dios?", a la que responde, "En ninguna manera". Por lo tanto, no debemos mirar la ley independientemente del evangelio. Debemos mirarlo relativamente, ya que se involucra con la promesa, y entonces la oposición aparente de los dos pactos se observará, que la ley sirve fines subordinados a la promesa y la gracia. Como dice Pedro Mártir Vermigli: "la ley y el evangelio nos dan cada cual la mano". La ley, al mostrarnos nuestra impotencia, nos arroja a Cristo y a la promesa de la vida. Ya hemos visto que esta era la diferencia entre el pacto hecho con el hombre en el estado de inocencia y lo que Dios requería en la ley. En el primero, Dios no requería obediencia para que el hombre pudiera ser agobiado con el rigor de sus requisitos y huir a Cristo. Era simplemente el objetivo de Dios recibir lo que le correspondía de parte del hombre. Pero en la ley, el único propósito de Dios es exigir que el hombre se convenza de su debilidad e impotencia, y que se arroje a Cristo. De modo que, aunque "haz esto y vivarás" parece oponerse a la promesa, sin embargo, si nos fijamos en el propósito que Dios tenía para dar la ley, o sea, para convencerlo de su impotencia, para humillarlo por medio de ella, y para alejarlo de toda esperanza en sus propios méritos, entonces podemos apreciar el dulce acuerdo y sumisión entre la ley y la promesa.

San Jerónimo propone una aparente contradicción, pero es verdad en ambas partes: "maldito sea el que diga: Dios demanda lo imposible. Y maldito sea el que diga: la ley es posible". Esto parece extraño. ¿No ha demandado Dios obediencia a la ley y no es imposible obedecerla? Ciertamente. Pero Dios no ordenaba la ley con la expectativa de que podíamos o debíamos cumplirla; no pudimos obedecerla por nuestras propias fuerzas, ni nos ayudó Dios para cumplirla. Ambas imposibilidades se ven en Ro 8:3: "porque lo que era imposible para la ley, por cuanto era débil por la carne, Dios, enviando a su Hijo en semejanza de carne de pecado y a causa del pecado, condenó al pecado en la carne". Pero Dios habló las palabras, "haz esto y vivirás", con el fin de mostrarnos nuestra debilidad y para despertar nuestro corazón para buscar a Cristo, que ha cumplido toda justicia por nosotros, tanto positiva como negativamente. Él ha sufrido las penas, y obedeció los preceptos, soportó nuestras maldiciones, y llevó a cabo las buenas obras que a nosotros nos correspondían.

El curso que Cristo toma con el joven rico es instructivo y comprueba plenamente lo que he dicho. Está registrado en Mt 19:16-22: "Maestro bueno", dice el joven, "¿Qué bien haré para tener la vida eterna?" Esta era su pregunta. La respuesta de Cristo se encuentra en la última parte del versículo 17: "Mas si quieres entrar en la vida, guarda los mandamientos". Fue una respuesta extraña. ¿era la ley un camino a la vida eterna? Si es así, ¿por qué vino Cristo al mundo? ¿y fue el joven capaz de guardar la ley? Claro que no, como Ro 8:3 nos asegura; y, pues ¿no dice el apóstol?: "porque todos los que dependen de las obras de la ley están bajo maldición, pues escrito está: Maldito todo aquel que no permaneciere en todas las cosas escritas en el libro de la ley, para hacerlas" (Gl 3:10). ¡Por ello, la respuesta de Jesús es de hecho una respuesta extraña! Cristo no dijo, como en otros lugares: si has de tener vida eterna, cree en mí; sino que dijo aquí, "guarda los mandamientos". Sin embargo, si miramos detenidamente a la persona a quien Cristo habló y si nos fijamos en el propósito de su respuesta, veremos el significado. La persona era un gobernante orgulloso, hinchado con la idea orgullosa de que había mantenido toda la ley y por lo tanto debería ser salvo por medio de la ley, como dice después; "todo esto he guardado desde mi juventud". Por lo tanto, Cristo le ordena a cumplir la ley, no como un instrumento de justificación (pues contesta la misma pregunta de otra manera en Jn 6:28-29), pero para que el joven rico encontrara en la ley un espejo que le revelara sus imperfecciones e impotencia, y para que, siendo humillado por la ley, buscara a Cristo para obtener la vida y la salvación.

Cuando los hombres piensan que son sus propios salvadores, cuando buscan la justicia por medio la ley, Cristo les ordena a ir y guardar los mandamientos (Servanda Mandata), y esto hace para humillarlos y atraerlos a sí mismo. Pero si los hombres son humillados y quebrantados por el reconocimiento de sus propios pecados, entonces, no hace falte que mencione la ley en absoluto, sino que más bien los consuela con las promesas libres de gracia, diciendo: "Ven a mí, todos los que trabajados y cargados y yo os haré descansar", y de nuevo "El Espíritu de Jehová el Señor está sobre mí, porque me ungió Jehová; me ha enviado a predicar buenas nuevas a los abatidos, a vendar a los quebrantados de corazón, a publicar libertad a los cautivos, y a los presos apertura de la cárcel" (Is 61:1). "El afligido", dice Calvino, "se consuela por la aprobación de la ley y por la mención de la palabra de la promesa".

Entonces para concluir: Considero que la oposición entre la ley y el evangelio es principalmente una creación del hombre. Los hombres deben ser conducidos a Cristo por la ley, pero en lugar de eso esperan obtener la vida por medio de la obediencia. Este fue su gran error y falla. Resultó tan difícil convertirles de su búsqueda inútil de la vida eterna por medio de su propia justicia y obediencia a la ley como es bajar el sol del cielo. No creo, sin embargo, que se imaginaron que podían lograr la justicia solo por obedecer la ley moral, porque su imposibilidad es obvia, pero esperaban obtenerla uniendo la ley ceremonial con la moral. Dios les había dado estas leyes y a menudo dijo, 'Haz esto y vivirás'. Por lo tanto, esperaban que por someterse a ambas leyes ameritarían la vida eterna. Y donde quedaban cortos en lo moral, trataron de compensar en lo ceremonial; harían algo de lo que la ley moral ordenó, e iban a la ley ceremonial por lo que no podían hacer. No es que todos lo hayan hecho, pero muchos así lo hicieron.

Pero esto distaba mucho del propósito de Dios. Era su propio error y falla, como el apóstol parece implicar en Ro 10:3-4. Tienen celo de Dios, pero no según conocimiento. "Porque ignorando la justicia de Dios, y procurando establecer la suya propia, no se han sujetado a la justicia de Dios; porque el fin de la ley es Cristo, para justicia a todo aquel que cree". Buscaron la justicia, pero no la podían alcanzar.

Así he respondido a la primera gran pregunta, y las objeciones que surgieron de ella. Me gustaría establecer estas dos posiciones como conclusiones firmes:

(1) Que la ley, en su sustancia, permanece como una regla de obediencia para el pueblo de Dios, y como una regla a la que deben conformar su conducta bajo el evangelio.

(2) No había fin o uso para el cual la ley fue dada que no fuera consistente con la gracia y útil para el avance del pacto de gracia.

Capítulo 4
Castigo por el Pecado

Pregunta II: ¿Son liberados los cristianos de todos los castigos por el pecado?

De las Escrituras parece desprenderse esta enseñanza: que el pueblo de Dios, aquellos cuyos pecados son perdonados, pueden llevar castigos por el pecado y que en muchas ocasiones han sido expuestos a la vara, a las correcciones y a los castigos de Dios. Abraham, Moisés, David fueron castigados por el pecado y el apóstol nos dice: "pero si se os deja sin disciplina, de la cual todos han sido participantes, entonces sois bastardos, y no hijos" (Heb 12:8). Dios en verdad azota a cada hijo que recibe. Estos azotes, nos parece indicar las Escrituras, son a causa del pecado. Consideremos Lm 3:39-40: "¿Por qué se lamenta el hombre viviente? Laméntese el hombre en su pecado. Escudriñemos nuestros caminos, y busquemos, y volvámonos a Jehová". También en Miq 1:5: "todo esto por la rebelión de Jacob, y por los pecados de la casa de Israel" y en Miq 7:9: "la ira de Jehová soportaré, porque pequé contra él". Se establece el castigo pues como una condición que debe preceder necesariamente a la eliminación de calamidades por parte de Dios. El castigo hace que el hombre se humille por el pecado y se aleje del pecado antes de que Dios los libre del mismo. Así habla el Señor a Salomón (2 Cr 7:14), y así también leemos en Lv 26:41: "yo también habré andado en contra de ellos, y los habré hecho entrar en la tierra de sus enemigos; y entonces se humillará su corazón incircunciso, y reconocerán su pecado".

¿Qué significa esto? Quiere decir que, si ellos justificaran a Dios en su proceder contra ellos, si se acostaran en el polvo y se sometieran a su castigo y si dijeran que por sus pecados lo merecían; si ellos reconocieran la justicia de Dios al afligirles; entonces Dios recordaría su pacto y les ayudaría. Esto fue lo que sucedió cuando los príncipes de Israel cuando fueron castigados por la mano de Sisac de Egipto (2 Cr 12:6). Dice el cronista, "se humillaron, y dijeron. Justo es Jehová". Dios nos aflige justamente por el pecado que hemos cometido. Claramente fueron castigados por sus pecados. Pues para que justificaran a Dios es su trato con ellos, tenían que humillarse por sus pecados bajo la aflicción. Ciertamente, entonces, Dios los afligió por el pecado.

Pero por otro lado se puede decir que esto se le dijo a todo el pueblo, aunque no todo el pueblo era piadoso. Podría conceder el punto, sin embargo, los piadosos debían también cumplir los mismos deberes que los demás; no se les concedió ninguna exención; ellos también se humillaron por el pecado, como bien lo hicieron Daniel y Esdras. Si el pecado no hubiese sido la causa de sus aflicciones, si las calamidades no les fuesen infligidas por el pecado, entonces habrían actuado en falsedad. Habrían estado actuando en falsedad si se humillaran por el pecado como causa del castigo de Dios contra ellos, y si aceptaran el castigo de una iniquidad que no era suya, y aun así declararan que Dios era justo en ella. Una conclusión tal no la podemos admitir.

Sin embargo, admitiendo que esto fue dicho a todo el pueblo, tenemos otras Escrituras como evidencia de que Dios ha castigado a su propio pueblo por el pecado, incluyendo a sus siervos más amados. Moisés y Aarón fueron excluidos de Canaán; Dios no les permitió entrar en la tierra de la promesa. Esta fue una gran aflicción; y en Nm 20:12 se aclara que la causa de su exclusión fue se pecado, pues no habían santificado a Dios en las aguas de Meriba. "Y Jehová dijo a Moisés y a Aarón: Por cuanto no creísteis en mí, para santificarme delante de los hijos de Israel, por tanto, no meteréis esta congregación en la tierra que les he dado".

David, el hombre conforme al corazón de Dios – así lo había nombrado Dios mismo – es otro ejemplo del castigo de Dios de un hombre piadoso. Su hijo muere, la espada no se aleja de su casa y su propio hijo se levanta en rebelión contra él. Estas fueron grandes calamidades. La Escritura declara que la causa de estas aflicciones era su pecado, su homicidio y su adulterio: "por lo cual ahora no se apartará jamás de tu casa la espada, por cuanto me menospreciaste, y tomaste la mujer de Urías heteo para que fuese tu mujer" (2 S 12:10).

¿Pertenece el castigo únicamente al Antiguo Testamento?
Pero en contra de estos puntos se puede objetar que estos fueron ejemplos bajo el Antiguo Testamento y, por lo tanto,

no comprueban el punto de disputa ya que los piadosos ahora viven bajo un pacto diferente. A esto respondo de la siguiente manera: ya he explicado que algunos teólogos distinguen entre tres tipos de pactos - un pacto de naturaleza, un pacto de gracia, y un pacto subordinado. Este último fue el que se hizo con los israelitas en el Sinaí y dentro del cual se publicó la ley moral, la ceremonial y la judicial. Fue un pacto que, aunque se oponía al pacto de gracia, servía sus propósitos de manera subordinada. Fue un pacto que Dios hizo con Israel cuando ellos entraron en Canaán, y se refería sobre todo al bien o al mal que vendría sobre ellos en esa tierra. En este pacto Dios prometió bendiciones por causa de la obediencia, y amenazó calamidades y juicios por la desobediencia. Todo esto claramente se establece en Dt 28 y 29. Sin embargo, como ya he explicado, dicho pacto se subordinó al pacto de gracia, porque cuando los israelitas vieron que no eran capaces de obtener la vida y las misericordias externas, ni para evitar la muerte y los males temporales, por medio de su obediencia, debían buscar la promesa de la gracia y a anhelar la venida del Mesías, y fundar su esperanza sobre una base mejor. Todos entraron en este pacto, y lo consumaron con un juramento solemne a Dios, y una maldición, como se demuestra en Dt 29:12 y 19. Por su parte, Dios se compromete a bendecirles en la tierra de Canaán si obedecieran sus mandamientos; y también amenazó con castigarles allí si los desobedecieran. A todo esto, se suscribieron y lo consumaron con un juramento y una maldición; por lo tanto, algunos interpretan las palabras, "Haz esto y vivirás", como si simplemente se tratara del bienestar de Israel en la tierra de Canaán y durante esta vida.

He leído una historia de los saduceos que negaron la resurrección y, por ende, la inmortalidad del alma. Eran hombres hábiles en la ley, aunque tenían este gran error. Un cierto hombre, observando su obediencia a la ley, les preguntó por qué la guardaban, viendo que negaban la resurrección y una vida futura. Ellos respondieron: para que nos pueda ir bien en esta vida, para heredar bendiciones temporales por nuestra obediencia. No diré que cumplieron el propósito de la ley en esto, porque ciertamente Dios dio la ley para fines superiores. Pero puedo decir que es posible que hayan cumplido el propósito mejor que el hombre que hizo la pregunta. Es posible que el autor de la pregunta guardaba la ley con el fin de justificarse. Leemos de tal espíritu en Ro 10:3-4 donde el apóstol se refiere a algunos que pensaban que serían justificados por obediencia a la ley. Pero el propósito de Dios al dar la ley fue para que los que la guardaran pudieran vivir bien en esta vida. Para la primera opinión no hay una pizca de apoyo en la Palabra de Dios, pero para la segunda parece haber mucho apoyo. Encontramos un destello de este propósito en el quinto mandamiento: "Honra a tu padre y a tu madre, para que tus días se alarguen en la tierra que Jehová tu Dios te da". Hay algo de ello, también, en el segundo mandamiento, y mucho más en Dt 26:16-19, y a lo largo de todo el capítulo 28; aunque estas bendiciones temporales eran sombras las cosas espirituales y se aprehendían mejor por los que eran espirituales.

Es cierto que las cosas que fueron ordenadas o prohibidas eran moralmente buenas o malas, y por lo tanto eran de obligación perpetua. Sin embargo, los términos en los que fueron mandados o prohibidos, y en los que el pueblo las obedeció (prosperidad o calamidad, bien o mal, en la tierra de Canaán), han cesado. Sin embargo, mientras duraban los términos, se decía que el pueblo quebrantaba el pacto de Dios por su desobediencia. Esto no puede referirse al pacto de gracia, pues el pacto de gracia no puede ser quebrantado; es un pacto eterno, como el de los días de Noé (Is 54:9). El pacto de gracia no depende de nuestro caminar ni de nuestra obediencia; no está fundado en nuestro buen comportamiento. La obediencia podría ser el fin de la ley, pero no era la base ni el motivo de Dios al entregarla. Tampoco podría ser un pacto de obras con referencia a la vida y la salvación, pues una vez roto, no se puede renovar. Pero el pacto bajo el cual los israelitas fueron puestos era un pacto subordinado.

Solo sugiero esto y no me alineo con la postura, sin embargo, no veo que nos cause ninguna dificultad. Pero (y esta es la mayor concesión que se le puede otorgar a los objetores), admitiendo que los Israelitas estaban bajo un pacto diferente, y que era del carácter que acabamos de explicar, pero estaban bajo un pacto de gracia también, así como nosotros. Eso seguramente se concederá; pues el apóstol habla claramente de ello en Hch 15:11: "Antes creemos que por la gracia del Señor Jesús seremos salvos, de igual modo que ellos".

Sin duda, había el pueblo elegido por Dios, que no sólo estaban bajo, sino en, este pacto de gracia, y sin embargo fueron castigados y afligidos por el pecado - Moisés, David y Ezequías son algunos ejemplos. Esta objeción, por tanto, no puede derrocar nuestra propuesta, es decir, que Dios aflige a su propio pueblo por el pecado.

Ya he notado la objeción capciosa que las personas que he señalado como ejemplos de personas castigadas por el pecado son tomadas del Antiguo Testamento, y que por lo tanto no se aplican al caso ahora; pero tal actitud está llena de peligro, y conduciría a más dificultades de las que aparenta. La armonía de la Escritura debe preservarse, porque es una manera de descubrir la verdad en puntos dudosos, y es el deber de los ministros del evangelio, es su gran obra, desplegar y preservar esta armonía, y demostrar que una parte de la Palabra no se opone a otra ni choca una parte contra otra. Los dos Testamentos están siempre en armonía dulce y en total acuerdo. Dios es el mismo en ambos; y si tuviéramos sabiduría, deberíamos ver la mutualidad, la armonía y los acuerdos, incluso en aquellos lugares que parecen ser opuestos.

Enseñanza del Nuevo Testamento sobre el castigo

Pero rebatiré los argumentos de mis oponentes al mostrar que el Nuevo Testamento no hace otra cosa que confirmar lo que enseña el Antiguo Testamento sobre el castigo. Encontraremos que ambos testamentos hablan lo mismo sobre el asunto.

Comienzo con 1 Co 11: 30: "por lo cual hay muchos enfermos y debilitados entre vosotros y muchos duermen." El apóstol les comunica a los corintios aquí el pecado temeroso de profanar la mesa del Señor y de participar de la ordenanza indignamente. Finalmente les dice que, aunque no lo notaron, esta fue la gran causa de la enfermedad, debilidad y muerte que Dios les había infligido, y que ahora impera entre ellos. "Por esta causa", dice, por lo que se refiere a una participación indigna. ¿Puede haber prueba más clara que esta? Aquí encontramos el establecimiento tanto de la aflicción y del castigo como del pecado; y si esto no fuera suficiente, el apóstol les dice claramente que debido a este pecado han incurrido este castigo, "por lo cual hay muchos enfermos y debilitados entre vosotros".

Pero se puede objetar que esto no se refería al pueblo de Dios, sino solo a aquellos que participaban indignamente del sacramento; el pueblo de Dios no puede participar indignamente del sacramento.

Para entender mejor este asunto, observemos que hay dos formas de participar indignamente del sacramento: la persona puede ser indigna o la disposición puede ser indigna. La indignidad de la persona se observa, por ejemplo, cuando un hombre viene a una boda sin la vestimenta apropiada. En este sentido, el pueblo de Dios no puede ser indigno porque no se encuentra en un estado de falta de dignidad.

La indignidad de la disposición, por otra parte, se refiere a la manera de participar de la cena, cuando nos acercamos a la mesa sin las disposiciones y los afectos que el sacramento requiere. Aunque exista una preparación habitual, al mismo tiempo puede haber una falta de preparación real, que consiste en la auto examinación, pues como dice el apóstol: "por tanto, pruébese cada uno a sí mismo, y coma así del pan y beba de la copa"; la falta de una preparación real puede hacer que el receptor sea indigno. Lo mismo podemos ver en la oración de Ezequías: "porque una gran multitud del pueblo de Efraín y Manasés, y de Isacar y Zabulón, no se habían purificado, y comieron la pascua no conforme a lo que está escrito. Mas Ezequías oró por ellos, diciendo: Jehová, que es bueno, sea propicio a todo aquel que ha preparado su corazón para buscar a Dios, a Jehová el Dios de sus padres, aunque no esté purificado según los ritos de purificación del santuario" (2 Cr 30:18-19). Había una preparación habitual o ritual (sus corazones estaban preparados para buscar a Dios), pero carecían de una preparación real según los requisitos del santuario. Así, el pueblo de Dios puede tener una preparación habitual o ritual, y a la vez carecer de la preparación sacramental.

1 Co 11:32 establece que los corintios eran el Pueblo de Dios. "Si, pues, nos examinásemos a nosotros mismos, no seríamos juzgados; mas siendo juzgados, somos castigados por el Señor, para que no seamos condenados con el mundo". No era un castigo, sino una corrección - término peculiar a los santos - y su propósito era que no fueran condenados con los incrédulos. Con esto queda suficientemente claro el asunto. Ahora miremos otros pasajes más allá de Corintios.

Pasemos a Ro 8:10: "Pero si Cristo está en vosotros, el cuerpo en verdad está muerto a causa del pecado, mas el espíritu vive a causa de la justicia". Aquí el apóstol demuestra que el salario del pecado es la muerte, y aunque un hombre esté en Cristo, debe morir al pecado; pues el pecado trae la muerte. Un pasaje en Heb 12:6-8 parece indicar lo mismo: "porque el Señor al que ama, disciplina, Y azota a todo el que recibe por hijo. Si soportáis la disciplina, Dios os trata como a hijos; porque ¿qué hijo es aquel a quien el padre no disciplina? Pero si se os deja sin disciplina, de la cual todos han sido participantes, entonces sois bastardos, y no hijos". Y ¿por qué castiga a su hijo? ¿Porque es un hijo? No, esa no puede ser la razón. Es porque es un pecador. La corrección implica, en la mayoría de los casos, una ofensa. Asimismo, vemos también en 1 P 4:17: "porque es tiempo de que el juicio comience por la casa de Dios". Podemos comparar Ap 2:12-16, donde se le dice a la iglesia en Pérgamo (de quien Dios da este testimonio, que había guardado el Nombre de Cristo, y no había negado la fe de Cristo) que había algunos pecados entre ellos, y que el Señor les pidió que se arrepintiera de ellos, para que no luchara contra ellos. Esto demuestra que sus pecados traerían calamidad si no se arrepintieran.

Y de nuevo, en 1 Co 10:5-12: "pero de los más de ellos no se agradó Dios; por lo cual quedaron postrados en el desierto. Mas estas cosas sucedieron como ejemplos para nosotros, para que no codiciemos cosas malas, como ellos codiciaron. Ni seáis idólatras, como algunos de ellos, según está escrito: Se sentó el pueblo a comer y a beber, y se levantó a jugar. Ni forniquemos, como algunos de ellos fornicaron, y cayeron en un día veintitrés mil. Ni tentemos al Señor, como también algunos de ellos le tentaron, y perecieron por las serpientes. Ni murmuréis, como algunos de ellos murmuraron, y perecieron por el destructor. Y estas cosas les acontecieron como ejemplo, y están escritas para amonestarnos a nosotros, a quienes han alcanzado los fines de los siglos. Así que, el que piensa estar firme, mire que no caiga". Y ¿cómo no nos amonestan estos pasajes? Pues si practicamos los mismos pecados enfrentaremos la misma corrección.

Varios Argumentos Rebatidos

He llamado la atención a varias porciones de las Escrituras que parecen sostener la verdad de que el pueblo de Dios puede ser castigado por el pecado y que Dios, de hecho, castiga a su pueblo por el pecado. Ahora pediremos a los objetores que nos demuestren sus argumentos para ver si pueden rebatir la fuerza y claridad de nuestro argumento. Primero nos detendremos a considerar los puntos principales de algunos de sus argumentos. Demostraremos los huecos en estos argumentos para hacer que la verdad de nuestro argumento se aprecie de manera más completa y perfecta. ¿Cuáles son entonces algunos de sus argumentos?

Dios no aflige a su pueblo por el pecado, sino que los castiga del pecado, y agregan: el padre no le da a su hijo medicina para enfermarlo, sino para quitarle malos humores, para prevenir o eliminar enfermedades.

El argumento, me parece, carece de validez. Las aflicciones son tanto del tiempo pasado como del porvenir. Dios aflige a su pueblo por el pecado y los castiga por el pecado. El padre no solo corrige a su hijo para que tenga cuidado de caer en la mala conducta en el futuro, sino también por la conducta ya cometida. Lo hace para traerlo al arrepentimiento y al dolor por su culpa y para alterar su disposición a la mala conducta. O (para usar la misma analogía que usan los objetores), le da medicina, no para aumentar sus malos humores, pero para quitárselos. Concedemos, pues, que Dios castiga por el pecado; no para aumentar el pecado, sino para eliminar el pecado. Pero añadimos que la razón por la que un padre da a su hijo la medicina es los malos humores, porque si no hubiera malos humores no habría necesidad de medicina. Del mismo modo, el pecado es la causa de la aflicción; si no hubiera pecado, no habría aflicción. Y si un padre puede dar medicina para purgar los malos humores antes de que realmente broten, pues con mucha más razón la dará para la corrección y la cura de los humores ya brotados. Si Dios puede afligir a los hombres para purgar la disposición pecaminosa, mucho más puede corregirles por cometer el pecado como consecuencia de su disposición. El error de los objetores yace en que consideran las aflicciones simplemente como medicina. Pero las aflicciones son tanto una medicina como una vara (Miq 6:9 Job 9:34; Lm 3:1). Las aflicciones son una vara porque nos corrigen por el pecado cometido y son medicina para prevenir el pecado en el futuro. Pero si se consideran solo como medicina, recordemos que la medicina tiene dos propósitos: primero, para purgar nuestra enfermedad actual, que nos enseña que las aflicciones responden al pecado; segundo, para promover nuestra salud futura, que nos enseña que las aflicciones provienen del pecado.

Otro argumento reza que nosotros nos confundimos al considerar como una causa lo que no es más que una ocasión para el castigo. Dios, dicen estos, puede tomar la ocasión del pecado para castigar a su pueblo, aun cuando el pecado no sea la causa del castigo. Por ejemplo, consideremos el pecado de David cuando enumeró el pueblo de Israel. Cuando lo hizo, Dios trajo una pestilencia sobre Israel. El pecado de David, dicen los objetores, no fue la causa de la pestilencia; el pecado de Israel fue la causa; el pecado de David no fue sino la ocasión; porque dice en 2 S 24:1: "volvió a encenderse la ira de Jehová contra Israel, e incitó a David contra ellos a que dijese: Ve, haz un censo de Israel y de Judá". Había desagrado en Dios contra Israel y el pecado de David no fue la causa del censo sino la ocasión que Dios tomó para infligirles este juicio. Lo mismo se puede decir del pecado de Ezequías al glorificar en las riquezas de su tesoro y la abundancia de su almacén, como vemos en Is 39:2: "y se regocijó con ellos Ezequías, y les mostró la casa de su tesoro, plata y oro, especias, ungüentos preciosos, toda su casa de armas, y todo lo que se hallaba en sus tesoros; no hubo cosa en su casa y en todos sus dominios, que Ezequías no les mostrase".

Todo este tesoro que él había revelado sería llevado a Babilonia. Ahora bien, este pecado particular de Ezequías, por el cual Dios parece amenazar esta calamidad, no era la causa real de ella, sino que era simplemente la ocasión. Por lo tanto, es un gran error nombrar por causas lo que no son más que ocasiones. Tal es el argumento que ahora responderemos.

Antes de responder, permítanme decir que desearía que los objetores no fueran más culpables de confundir las cosas que nosotros. Ciertamente, la necesidad de concepciones claras de las cosas ha sido la base de los errores y opiniones erróneas que hemos expuesto. Pero procederemos mejor a la respuesta.

Concedemos que este o ese pecado en particular a veces puede decirse que es la ocasión más que la causa de la aflicción. Pero a esto añadimos que el pecado no es solo una ocasión, sino que es a menudo una causa, no solo del castigo en general, sino de un castigo particular. Como vemos en 1 Co 11:30: "Por lo cual hay muchos enfermos y debilitados entre vosotros, y muchos duermen".

Veamos también Sal 39:11: en cuanto a los casos citados por los objetores, no veo en ellos gran peso. En el caso de Ezequías, estoy tan lejos de pensar que su pecado particular era la causa, que ni siquiera admitiré que era la ocasión de las calamidades amenazadas. Acepto que sea la ocasión de la predicción, pero no del castigo. Por razón de su pecado, Dios toma la ocasión para predecir la calamidad que él había decretado, pero esta no era la ocasión ni del decreto mismo ni del mal decretado. En cuanto al otro caso, el de David, no fue una mera ocasión tomada, sino que hubo una ocasión dada por el pecado de David. No solo fue una ocasión, sino que también fue una causa. Si el pecado de Israel era la causa meritoria, el pecado de David era la causa inmediata y aparente. Si el pecado de Israel procuró la aflicción, el pecado de David la consumó. No solo fue su pecado de enumerar el pueblo, sino la omisión del deber que Dios requería, que era: "cuando tomes el número de los hijos de Israel conforme a la cuenta de ellos, cada uno dará a Jehová el rescate de su persona, cuando los cuentes, para que no haya en ellos mortandad cuando los hayas contado. Esto dará todo aquel que sea contado; medio siclo, conforme al siclo del santuario. El siclo es de veinte geras. La mitad de un siclo será la ofrenda a Jehová. Todo el que sea contado, de veinte años arriba, dará la ofrenda a Jehová. Ni el rico aumentará, ni el pobre disminuirá del medio siclo, cuando dieren la ofrenda a Jehová para hacer expiación por vuestras personas" (Ex 30:12-15). Habiendo omitido David este requisito, Dios envió una plaga sobre ellos.

Con esto concluyo mi respuesta a estos argumentos. Continuaré con una consideración de la base de dichos argumentos.

Respuesta a los principales argumentos en contra del castigo
El primer argumento para probar que Dios no castiga por el

pecado es este: si Dios quita la causa, entonces también quita el efecto. El pecado es la causa de todo castigo, el castigo es el efecto del pecado. Si Dios quita la causa, es decir, el pecado, entonces también quita el efecto, que es el castigo del pecado. Si el cuerpo desaparece, la sombra también se va. El pecado es el cuerpo y el castigo es la sombra; si el pecado desaparece, el castigo al igual debe desaparecer. Esto se comunica implícitamente en esa frase que se usa en las Escrituras para el perdón del pecado: "No me acordaré más de tus pecados", es decir, nunca te condenaré por ellos, ni los cargaré en tu contra, ni tampoco te castigaré por ellos. Donde Dios perdona el pecado, absuelve el castigo. Esto parece concederse en el mismo perdón del pecado. ¿Qué es el perdón del pecado sino la eliminación de la culpa? ¿Qué es la culpa sino una obligación al castigo espiritual, temporal, eterno? Por lo tanto, si Dios quita la culpa del pecado, entonces también quita el castigo.

En respuesta a este argumento, es necesario distinguir entre varios tipos de castigos: temporales, espirituales y eternos. En cuanto al castigo eterno, todos coinciden que nunca puede alcanzar a quienes Cristo ha puesto en libertad, es decir, aquellos cuyos pecados son perdonados. Con respecto a los castigos espirituales, en la medida que están relacionados o subordinados al castigo eterno, tampoco podemos ser entregados a ellos. No solo así, sino que también somos liberados de todos los castigos temporales en la medida que son o bien parte de la maldición por el pecado o bien satisfacciones por el pecado, ya sea satisfacción por la compra o satisfacción por la forma de castigo; pues la justicia de Dios ha quedado satisfecha. Además, los creyentes son liberados de los castigos temporales puesto que son los frutos del pecado. Así son afligidos los hombres malvados, pero no los piadosos, pues las aflicciones de los piadosos son fructíferas y no penales. Los creyentes no se someten a los castigos temporales que son los efectos de la justicia reivindicativa, y no de la misericordia paternal. Dios tiene pensamientos de amor en todo lo que hace a su pueblo. La base, la manera y el fin de todos sus tratos con ellos es el amor, para que él los haga buenos y los haga partícipes de su santidad (Heb 12:10) y de aquí en adelante los hace partícipes de su gloria.

Pero hay otro argumento que debo responder y es este: si Cristo ha soportado lo que nuestros pecados merecían, y al hacerlo ha satisfecho plenamente la justicia de Dios, entonces Dios no puede, en justicia, castigarnos por el pecado, porque eso sería exigir el pago completo por parte de Cristo y además exigirlo por parte de nosotros. Por lo tanto, no puede haber castigo temporal por el pecado.

Concedo que la justicia de Dios está plenamente satisfecha en Cristo. No puede exigir más que lo que Cristo ya ha pagado. Se ha logrado una satisfacción abundante. Por lo tanto, me opongo a decir que Dios castiga a sus hijos por sus pecados como un medio de satisfacer su justicia. Cristo, habiéndola satisfecha, no nos ha dejado nada que soportar para la satisfacción. Los papistas dicen que nuestros sufrimientos son satisfacciones, y por lo tanto se castigan a sí mismos y se someten a las penalidades. Pero no piensan así los teólogos protestantes. Decimos que Dios no nos castiga como un medio para satisfacer su justicia, sino que nos castiga por precaución, para traernos a llorar por el pecado cometido, y para amonestarnos en nuestro caminar.

Siempre hay que recordar que, aunque Cristo ha soportado el castigo del pecado, y aunque Dios ha perdonado a los santos por sus pecados, sin embargo, Dios puede paternalmente corregir a su pueblo por el pecado. Cristo soportó la gran lluvia de ira, las horas negras y sombrías de disgusto por el pecado. Lo que cae sobre nosotros es una ducha de sol, llovizna acalorada de su amor para hacernos fructíferos y humildes. Cristo bebió la copa amarga y dejó para nosotros solo cuanto fuera necesario para humillarnos por nuestro pecado. Lo que el creyente sufre por el pecado no es penal sino medicinal pues surge de un amor paterno. Es su medicina, no su castigo; su castigo, no su sentencia; su corrección, no su condena. En resumen, entonces, Dios, por varias razones puede castigar a los santos por esos pecados por los cuales Cristo ha rendido satisfacción, y que él mismo ha perdonado. San Agustín nombra tres de esas razones: la demostración de la miseria del hombre, la modificación de su vida y el ejercicio de su paciencia. Daré cinco razones a continuación:

Cinco razones por las que Dios castiga a su pueblo
(1) Dios puede castigar para aterrar a los hombres malvados, para que puedan ver su destino en las miserias de los santos. Si así lo hace con el árbol verde, ¿qué hará con el árbol seco? Si de este modo recaen las ovejas de Cristo, ¿qué será de los lobos y de las cabras? Si Dios actúa de esta manera con sus amigos, ¿cómo actuará con sus enemigos? Si el juicio comienza en la casa de Dios, ¿dónde aparecerán los impíos?

(2) Dios puede hacerlo por la manifestación de su justicia, pa-

ra que él pueda mostrar al mundo que él es justo. Si él castigara a otros por el pecado, pero encubriera el de los suyos, los hombres malvados dirían que Dios es parcial que hace acepción de personas. Por lo tanto, para declarar que es justo e imparcial, castiga a los suyos.

(3) Dios puede castigar para eliminar el escándalo. Los pecados de los santos traen escándalo sobre la religión; sus pecados son los pecados de las personas públicas; cada uno representa a muchos. Dios fue más deshonrado por la inmundicia de David que por toda la inmundicia de Sodoma. Los caminos de Dios fueron así blasfemados, como el profeta le dice; y sobre esa tierra, porque él había dado la ocasión, Dios le castigaría (1 S 12).

(4) De nuevo, puede hacerlo por precaución a otros. Las aflicciones de otros deben ser nuestras advertencias; los sufrimientos de otros nuestros deben ser amonestaciones a nosotros. Dios castiga para que el pecado no se propague a otros. El apóstol muestra esto en profundidad en 1 Co 10:5-12. La esposa de Lot se convirtió en un pilar de sal para sazonarnos a nosotros.

(5) Dios también castiga a su pueblo por su propio bien aquí, y por la promoción de su salvación en el más allá. En cuanto a los primeros, los humilla más por su pecado. Cuando el pecado viene vestido con una triste aflicción, entonces ahonda más profundamente para la humillación. Las aflicciones atraen los pensamientos de los hombres. Así es con los piadosos como lo es con los impíos; a veces tienen un oído descuidado que puede oír las acusaciones contra el pecado. Por lo

tanto, Dios abre su oído por medio de la disciplina. "Porque en el tiempo de su celo lo hallarán" (Jer 2:24). La casa de corrección de Dios es su escuela de instrucción. Cuando una aflicción viene sobre nosotros, entonces estamos listos para escuchar las acusaciones del pecado, las verificaciones de la conciencia y las amonestaciones de Dios. Entonces estamos listos para humillarnos bajo ellos. Tal es un fin en los castigos divinos. Otro fin es alejar el corazón del pecado. Nuestros sufrimientos serán nuestras advertencias. Los hombres que han sentido la mordida de la serpiente, en aflicción por el pecado, se cuidarán de la aparición de la serpiente en la contaminación del pecado. Leímos que, antes del cautiverio babilónico, los hijos de Israel se entregaban a la idolatría y toda la creación era apenas lo suficientemente grande para que ellos crearan ídolos. Apenas podían encontrar suficientes criaturas para hacer ídolos. Pero después de que Dios los llevara cautivos a Babilonia, y los azotó profundamente por su idolatría, en medio de todos sus pecados nunca volvieron a la idolatría. Incluso hasta el día de hoy aborrecen las imágenes.

Muchas otras razones para los castigos de los creyentes podrían darse, pero el principal es que Dios los castigaba para hacerles partícipes de su santidad aquí y de su gloria en el más allá; y, de hecho, para endulzarles el cielo y la gloria. El filósofo Zenón buscó tormento para ayudarlo a sacar el máximo provecho del placer y dijo que los placeres no valían la pena si no eran así sazonados: "de lo desagradable a lo estimado, de las espinas a las rosas, de la conmoción a la paz, de las tormentas al puerto, de la cruz a la corona". Las palabras del apóstol tienen el mismo efecto: "nuestra aflicción de luz, que es, pero por un momento, nos rinde un peso de gloria mucho más sobrepasado y eterno."

Consideraciones finales

No seguiré ahondando en estas infelices diferencias teológicas, pero antes de poner fin a mi respuesta añadiré algunas ideas dignas de consideración.

(1) El pecado naturalmente trae el mal sobre nosotros. Como hay bendiciones en los caminos de la santidad, también hay aflicciones en los caminos del pecado. Nunca existe la una sin la otra. La aflicción es el fruto natural y apropiado del pecado, el fruto que aflora del pecado. El mal está en las entrañas del pecado. El pecado es un mal universal. Todos los males nacen del pecado. Si se pudiera rasgar el pecado se encontraría todo el mal que hay detrás de él. Todo el mal en el castigo está en el mal que atiende al pecado. Todos los mandamientos fueron dados para el bien, y nuestro bien yace en obediencia a ellos. El que sobrepasa los límites que Dios pone, necesariamente corre al mal y a la aflicción. El pecado nace de nuestros corazones, y la aflicción nace del pecado. La aflicción es tan realmente un hijo del pecado como el pecado es la condición natural de nuestras almas. No solo por consecuencia y por la ordenanza de Dios, sino naturalmente, el pecado produce maldad y aflicción.

(2) El mal que trae el pecado, y la aflicción que es su secuela, es por casualidad o por providencia y dispensación divina. Pero no puede ser por casualidad. Job nos lo dice y seguramente dice la verdad: "la aflicción no sale del polvo" (Job 5:6), y Cristo dice que: "¿No se venden dos pajarillos por un cuarto? Con todo, ni uno de ellos cae a tierra sin vuestro Pa-

dre. Pues aún vuestros cabellos están todos contados" (Mt 10:29-30). Y si ni siquiera un pelo, que es la cosa más pequeña, puede caer sin la providencia, entonces mucho menos la cosa más grande. San Agustín dice que Dios arregla las diversas partes del cuerpo de una pulga o de una mosca. Entonces, el mal que viene por el pecado no es por casualidad, sino por providencia y dispensación divina.

(3) Si el mal surge de la providencia, entonces o es de la providencia activa de Dios o de su providencia pasiva, o, si se prefiere de esta manera, de su providencia permisiva o de su providencia activa. La primera - la providencia permisiva - no se aplica tan bien a Dios ni coincide con las palabras del profeta: "¿Se tocará la trompeta en la ciudad, y no se alborotará el pueblo? ¿Habrá algún mal en la ciudad, el cual Jehová no haya hecho?" (Am 3:6). Se entenderá que esto se refiere solamente al mal del castigo, no al mal del pecado, en el cual Dios no está involucrado. Hay muchas cosas que Dios permite en el mundo, que él no hace; estos son los males del pecado. Pero los males del castigo, los permite y los hace también. Isaías da la misma respuesta que Amós en este asunto: "¿Quién dio a Jacob en botín, y entregó a Israel a saqueadores? ¿No fue Jehová, contra quien pecamos? No quisieron andar en sus caminos, ni oyeron su ley. Por tanto, derramó sobre él el ardor de su ira, y fuerza de guerra; le puso fuego por todas partes, pero no entendió; y le consumió, mas no hizo caso" (Is 42:24-25). Vemos, entonces, que todo esto viene de la dispensación divina. Dios trae este mal, y nos dice, además, que es por causa del pecado.

(4) Si Dios en su providencia trae el mal sobre su pueblo, en-

tonces o es por amor, o por ira, o por odio. No puede ser por odio; no hay nada que Dios haga a la gente que es el fruto o el efecto del odio. En efecto, las aflicciones sobre los impíos son los frutos del odio, el rocío antes de que la gran lluvia de ira caiga sobre ellos; pero no es así con el pueblo de Dios. Entonces el castigo o bien es por amor o bien es por ira. Ciertamente no es por ira aparte del amor, pues el principio, el fundamento y el fin de todos sus tratos con su pueblo es el amor. No hay nada que Dios puede hacer a su pueblo que esté separado de su amor; hay amor en todo lo que hace. No, es por amor que los castigos proceden: "todas las sendas de Jehová son misericordia y verdad, Para los que guardan su pacto y sus testimonios" (ver Sal 25:10). Pero debido a que las aflicciones y los castigos son males, y parecen ser las obras de uno que está airado y disgustado, por lo tanto, digo que, aunque provienen del amor, es del amor disgustado, del amor ofendido. Pablo dice: "Pues en verdad estuvo enfermo, a punto de morir; pero Dios tuvo misericordia de él, y no solamente de él, sino también de mí" (al restaurarlo a la salud) (Flp 2:27). ¿Por qué? ¿No habría sido una misericordia para Pablo si hubiera muerto también? ¿No son los caminos de Dios, los caminos de misericordia? Y, por lo tanto, si hubiera muerto, ¿no habría sido también una misericordia? ¿Qué diremos a esto? ¿Podríamos decir que habría sido una misericordia en el asunto y en el evento, como Dios la santificaría al apóstol, y le haría bien por él, como él mismo dice, "todas las cosas obran para bien a los que aman a Dios" (Ro 8:28)? De hecho, esto es bueno, pero esto no es todo; el pecado mismo puede ser una misericordia. Pero el salmista dice: "todas las sendas de Jehová son misericordia y verdad". No es un paso que Dios da en dirección a su pueblo, no es una acción que Dios hace, no una dispensación de la providencia, sino que es por misericordia. Por lo tanto, ¿cuál es el significado del dicho de que Dios tuvo misericordia de Pablo en la restauración de Epafrodito? ¿Por qué debería decirlo así, puesto que también habría sido una misericordia si hubiera sido llevado? ¿No habría mostrado Dios misericordia a Pablo aún si Epafrodito hubiera muerto? ¿Por qué entonces Pablo dice que Dios tuvo misericordia de él en la restauración de Epafrodito?

(5) Estoy de acuerdo en que de hecho habría sido misericordia de Pablo si Epafrodito hubiera muerto, pero una misericordia correctora, una misericordia en castigo. El apóstol parece implicar con esta expresión un medio, o al menos una diferencia entre la restauración de la misericordia y el despojamiento de la misericordia. Todavía habría sido misericordia, pero una misericordia correctora, si Dios se hubiera llevado a Epafrodito. Y así es en general; aunque las aflicciones y los castigos son enviados en amor, sin embargo, porque en sí mismos son malos, por lo tanto, digo, que proceden a menudo (pero no siempre) del amor disgustado, del amor ofendido. Decimos, de hecho, que Dios está enojado; no es que tengamos que concebir que hay ira en Dios, porque no tiene "pasiones", pues no tiene "partes"; pero decimos que está enojado porque trata con nosotros como los hombres están acostumbrados a tratar con sus compañeros en tales casos; se alejan de ellos, los corrigen, los reprenden, los corrigen. De la misma manera, Dios, en un disgusto paterno, actúa hacia aquellos que ama encarecidamente. Debo concluir este asunto, pero en primer lugar mencionaré algunos detalles más para dar plena satisfacción a los afligidos.

Primero, Dios no castiga para siempre a su pueblo por el pecado. No todos los castigos que Dios inflige a su pueblo son debido al pecado. Algunos son afligidos para la prevención del pecado, como en el caso de la tentación de Pablo; otros para comprobar su gratitud, como en el caso de Job. Los divinos distinguen varios tipos de aflicciones. Algunas son castigos por el pecado, otras acompañan el testimonio de la verdad; algunas son pruebas de fe y dan ejercicio a nuestros dones. Así que, aunque se conceda que Dios castigara por el pecado, no todas las aflicciones que Dios nos trae son por el pecado. Se puede decir verdaderamente que el pecado es la causa general de todas las calamidades, pero no siempre se puede decir que esta o aquella aflicción particular es adquirida por un pecado particular. Vemos esto en el caso de las pruebas que vinieron sobre Job y Pablo.

Dios a veces usa la ocasión de los pecados de su pueblo para afligirlos y castigarlos. Hasta ahora la mayoría de los cristianos coinciden en este punto. Muchos admitirán que el pecado puede ser la ocasión del castigo, aunque no admitirán que el pecado es la causa por la que Dios aflige a su pueblo; y, de hecho, este o aquel pecado en particular a menudo parece ser una ocasión más que una causa del castigo. El pecado puede ser la causa, y sin embargo este o aquel pecado en particular puede ser solo la ocasión, como he demostrado antes.

Dios no solo usa la ocasión del pecado, sino que a menudo castiga y aflige a su pueblo por el pecado. Por el pecado, digo, y no solo para su prevención y cura, sino también para su castigo y corrección, como ya he demostrado en cierta medida. Dios nos hace ver el pecado en los efectos cuando no lo vemos en la causa; ver el pecado en el fruto cuando nos negamos a verlo en la raíz. Dios nos revela el pecado a través de sus obras, cuando nos negamos a verlo a través de su Palabra. Lo que no aprenderemos por fe, nos enseñará por medio de los sentidos: "En los labios del prudente se halla sabiduría; Mas la vara es para las espaldas del falto de cordura" (Pr 10:13).

Cuando Dios castiga a su pueblo por el pecado, su castigo no es el fruto de la ira ni parte de la maldición, porque no hay ira en el castigo; no son satisfacciones por el pecado; no son enviados en justicia reivindicativa; no son meramente penales, sino que son medicinales; su razón es amor disgustado, y su propósito es el abrazo más completo del Padre.

Esto debe bastar para la respuesta a la segunda pregunta.

Capítulo 5

Cumplimiento del Deber

Pregunta III: Si un creyente está bajo la ley moral como una regla de conducta ¿se viola su libertad en Cristo?

La pregunta podría dividirse en dos partes: (1) ¿si estar atado al cumplimiento del deber es consistente con el cumplimiento del deber? (2) ¿si el cristiano está atado al cumplimiento del deber porque Dios lo ha ordenado? Encontraremos estas dos opiniones: (1) que estar vinculados al cumplimiento del deber constituye una violación de la libertad que tenemos en Cristo; (2) que estar vinculados al cumplimiento del deber rebaja el espíritu libre de los santos. Por lo tanto, podríamos tratar estas cuestiones por separado, pero con el fin de mantener la brevedad las consideraremos como pertenecientes a una misma pregunta, y sin embargo responderemos claramente a ambas partes.

Comenzaremos con la primera parte: ¿si estar atado al cumplimiento del deber es consistente con nuestra libertad cristiana? Respondemos: No es una violación a nuestra libertad en Cristo estar atado al cumplimiento del deber. Fue el gran fin de nuestra libertad y redención que podríamos servir a Dios. Cristo nos redimió del pecado para que pudiéramos participar en dicho servicio, como dice Zacarías en su canción: "que, librados de nuestros enemigos, sin temor le serviríamos. En santidad y en justicia delante de él, todos nuestros días. Y tú, niño, profeta del Altísimo serás llamado; Porque irás delante de la presencia del Señor, para preparar sus caminos" (Lc 1:74-75). Cristo no nos ha redimido de la materia del servicio, sino de la manera de servicio. Nos ha redimido de la esclavitud del servicio y nos ha constituido como hijos; nos ha llevado de un espíritu de servidumbre a un espíritu de libertad. Ha roto las cadenas de sujeción a otros señores para que podamos tomarnos el yugo de servicio a él, cuyo yugo es fácil y cuya carga es ligera (Mt 11:30). De ahí que el apóstol, después de haber establecido los privilegios principales que disfrutamos en nuestra redención - privilegios como la justificación y la libertad de la culpa y del poder del pecado, infiere: "así que, hermanos, deudores somos, no a la carne, para que vivamos conforme a la carne; porque si vivís conforme a la carne, moriréis; mas si por el Espíritu hacéis morir las obras de la carne, viviréis" (Ro 8:12-13). La verdad es tan clara como si estuviera escrita con un rayo de sol. Así como el rayo del sol no se puede dividir, tampoco se puede separar la santidad y la obediencia de la persona que Dios ha justificado. Como dice el apóstol: "porque la gracia de Dios se ha manifestado para salvación a todos los hombres, enseñándonos que, renunciando a la impiedad y a los deseos mundanos, vivamos en este siglo sobria, justa y piadosamente" (Tit 2:11-12). De modo que sobre la primera parte de nuestra investigación no hay cabida para controversia. Es netamente consistente con nuestra libertad el estar atado a la obediencia o al cumplimiento del deber; y es parte de nuestra redención, y parte de nuestra libertad. En efecto, sin la obediencia sincera y verdadera lo único que tenemos es una real y verdadera servidumbre.

Tres errores con respecto al cumplimiento del deber

Pero hay alguna controversia sobre la segunda parte de la pregunta: si el deber es inconsistente con nuestra libertad cristiana ¿por qué lo requiere Dios? Muchos, aunque se desempeñen en el deber, no se inclinan a atarse a él. Prefieren realizar el deber según sus propios espíritus en vez de admitir que el deber les es impuesto por Dios. Hay tres errores al respecto.

1) Los que esperan que el Espíritu los conmueva a la obediencia.

2) Los que piensan que no deben hacer otra cosa que orar.

3) Los que piensan que cumplen con el deber debido a la inclinación de sus corazones.

Primero consideraremos el caso de aquellos que piensan que solo deben obedecer cuando el Espíritu de Dios los conmueve a obedecer.

El Caso de los que Esperan que el Espíritu los Conmueva a la Obediencia

En efecto, cuando el Espíritu de Dios nos conmueve, es bueno responder; es bueno izar las velas cuando sopla el viento. Como se le dijo a David: "y cuando oigas ruido como de marcha por las copas de las balsameras, entonces te moverás; porque Jehová saldrá delante de ti a herir el campamento de los filisteos" (2 S 5:24). Así que cuando se encuentren fuertes recelos sobre el espíritu, es bueno seguir el consejo del Espíritu de Dios. Muchos son como rameras que asesinarán al niño en el vientre, para evitar el problema de tener hijos. De manera similar apagarán los brotes del Espíritu, porque no quieren molestarse con la obra requerida. Este es un pecado temeroso, el apagar y enfriar el movimiento del Espíritu de Dios. Cuando Dios mueve, viene con poder para el cumplimiento del deber; entonces debemos izar la vela por completo. Es bueno acceder a tales sugerencias. Pero los buenos corazones en este caso a veces se equivocan, y se vuelven perplejos y piensan que, si no actúan sobre cada movimiento de sus espíritus, han apagado y rechazado un movimiento del Espíritu Santo. Por lo tanto, no me da la impresión de decir que a veces Satanás nos conmueve al cumplimiento del deber cuando pensamos que es el Espíritu de Dios el que lo hace. Esto puede parecer extraño, pero es verdad. Hay cuatro ocasiones en las que Satanás suele llamar a los hombres a cumplir el deber:

(1) Cuando nuestros espíritus están hundidos y rebajados, oprimidos con tentaciones o problemas, entonces Satanás nos impone el cumplimiento del deber. Es posible que Dios también nos ponga en servicio en esos momentos, pero a veces el impulso viene de Satanás. Satanás trata con nosotros como los babilonios hicieron con los israelitas cuando fueron oprimidos en cautiverio, y cuando les dijeron, ven ahora, cantamos una de las canciones de Sion. Así, cuando el espíritu está oprimido y abrumado, cuando Satanás piensa que estamos en

gran desventaja y cuando espera que nos torturemos y nos angustiemos más, entonces puede ser que nos urge a orar, y no creer, como lo hicieron aquellos que trataron con Cristo, cegando sus ojos y diciendo: "profetiza, ¿quién es el que te golpeó?" (Lc 22:64). Y así es con nosotros: cuando Satanás ha cegado nuestros ojos, nos pide ver, ahora profetiza, ahora ora. Cuando ha perturbado nuestros espíritus, cuando ha perturbado el mar (de nuestras almas) que no arroja nada más que lodo y suciedad (es decir, pensamientos desconfiados e incrédulos), entonces nos pide ir y orar. Aun así, esto a veces ayuda a calmar la tormenta, y a callar el espíritu también, para que Satanás pierda. Comprueba su propia desventaja, pues viene una gracia inesperada en la que no estaba consciente y que no podía prever.

(2) Una segunda forma en que Satanás nos puede imponer el deber es cuando somos llamados por Dios a otros empleos, ya sean naturales o espirituales. En cuanto a este último, podemos ser llamados a escuchar la Palabra, o a hablar con otros, o a participar en otros deberes, y en esos momentos nos invita a ir a la oración; es decir, le encanta hacer que los deberes choquen entre sí. O la dificultad puede surgir de su uso de nuestros empleos naturales. Puede ser la ocasión de comer y beber, o de dormir. A veces estorba el sueño de una pobre alma o interrumpe su cena para incitarle a la oración. Sin embargo, esto puede ser para su propia desventaja. Por lo tanto, a veces tienta a las almas pobres; y si no van a su deber por instigación, entonces les dice que han resistido el mover del Espíritu de Dios. Si le obedecen, conduce a problemas también. Tal vez les acuse de superstición y penitencia voluntaria, si se levantan por la noche para acudir a la oración o ejer-

cicios similares. ¿Quién lo requiere? pregunta el maligno. Es bueno en todos estos casos decirle a un hombre piadoso que fue movido a la oración cuando debió haber estado dormido, ¡apártate de mí Satanás, voy a cumplir el deber cuando Dios llame, no cuando tú digas! He comprometido mi alma en los brazos de Cristo y en sus brazos descansaré y dormiré.

(3) Pero hay una tercera ocasión en la que Satanás nos puede incitar al cumplimiento del deber. Cuando somos débiles en el cuerpo y no podemos realizarlo, cuando carecemos de los espíritus naturales para hacer el trabajo, entonces nos pondrá la carga del deber. Él sabe que, si lo intentamos, entonces él, por causa de nuestra debilidad natural, conseguirá la ventaja sobre nosotros. Cuando nos pone a levantar troncos, sabe que somos débiles. Cuando nos mueve al deber, es solo porque sabe que no tenemos fuerza.

(4) Otra ocasión en la que nos pone en servicio es cuando piensa que el deber nos echará una trampa. En este caso nos pone, no como obra de Dios, sino como lo que nos traerá dificultades, lo que no nos traerá consuelo, sino más bien tormento y angustia, lo que no nos levantará cuando seamos abatidos, sino lo que nos bajará aún más. Sin embargo, aun así, a menudo se equivoca.

Así, Satanás a veces incita al creyente en el cumplimiento del deber. Pero también lo hace el Espíritu de Dios. El Espíritu agita el corazón al deber cuando se mueve. Se mueve eficazmente; le impone al creyente el deber y le da fuerza para realizarlo; le da la capacidad para hacerlo. Y es bueno observar los tiempos de Dios, los consejos del Espíritu, y someternos a ellos. Esta es mi primera respuesta al error de mis oponentes.

Pero otra vez, aunque debemos hacer nuestro deber cuando el Espíritu de Dios nos conmueve, sin embargo, no debemos descuidar el deber cuando no percibimos tales movimientos sensatos del Espíritu. La gracia nos mueve, o nos debe mover, a conversar con Dios cada día; y si es así, es el Espíritu quien nos mueve a él. Es el Espíritu quien nos regeneró, aunque el Espíritu que nos regenera no aparece; y el Espíritu de Dios puede moverse secretamente, incluso cuando no lo hace visible y sensiblemente al alma.

Además, si una persona busca esta incitación directa del deber, entonces no realizará el deber por obediencia. Debemos cumplir el deber a veces por obediencia, aunque no tengamos el ánimo para hacerlo. Ese cumplimiento del deber se estima por Dios, porque es un cumplimiento que es arrebatado de las manos de la carne y llevado a cabo en contra de la tentación y el interés propio.

Además, si el creyente nunca cumple su deber, a menos que el Espíritu lo mueve con sensatez, a menudo le faltará esa comunión con Dios que ahora disfruta. ¡Con qué frecuencia va el creyente a la oración con un corazón muerto, y se eleva con un corazón animado! Comienza con un corazón debilitado y termina con un corazón fortalecido; ¡comienza abatido y termina consolado! ¡Con qué frecuencia, cuando no pudo encontrar tal movimiento de Dios que lo lleve a su deber, aún se ha encontrado con Dios en medio del deber, y ha disfrutado de Dios, en una oración, de una manera gloriosa y dulce! "Saliste al encuentro del que con alegría hacía justicia, de los que se acordaban de ti en tus caminos; he aquí, tú te enojaste porque pecamos; en los pecados hemos perseverado por largo tiempo; ¿podremos acaso ser salvos?" (Is 64:5). Dios ama encontrar a aquellos que están en su camino. Aunque el molinero no puede ordenar el viento, sin embargo, iza las velas, y así estará en el camino para usarlo, si viene. Aunque el hombre cojo no podía entrar en las aguas, ni ordenar el movimiento de ellas, sin embargo, permanecería treinta y ocho años a la orilla de las aguas, y sin duda con mucho anhelo cada vez que las aguas se movían - ¡o que algunos lo lanzarían! Por lo tanto, aunque no podemos traer el Espíritu a nosotros, sin embargo, nos ponemos en el camino para que él nos encuentre. Al cumplir el deber, el creyente puede venir a ver el rostro de Dios, a conversar con él. Así también progresa en contra del pecado, recibe suministros de fuerza de Cristo, y vence a la carne y al mundo. Aquellos que hablan en contra del cumplimiento del deber también podrían hablar en contra de las actuaciones de fe y del ejercicio de la gracia. Porque la oración no es otra cosa que la comunicación del alma con Dios, las actuaciones de fe y el ejercicio de la gracia. Esto debe ser suficiente para responder al error de aquellos que dicen que deben cumplir su deber únicamente cuando son conmovidos por el Espíritu de Dios.

El caso de los que piensan que no deben hacer otra cosa que orar

Pero hay otro error. Hay algunos que piensan que no deben hacer otra cosa que orar. Dios nos ha mandado que oremos y piensan que no deben hacer nada más. Por lo tanto, siempre y cuando corren a sus rodillas, caen como una cabeza, digamos sobre un PATER NOSTER (Padre Nuestro) como si hubieran hecho tanto para obtener la vida, tanto para la compra de un perdón y para el cielo. Hay demasiadas personas de este tipo.

Hay dos tipos principales de tales personas. Hay los que son como ciegos e ignorantes. Ellos iban a ir al cielo, y oyeran que debían orar. Por lo tanto, van a la oración a cada momento, decididos a no perder el cielo por falta de oraciones. Hay otros que están humillados y heridos de espíritu. ¡Almas pobres! Van siempre y se ponen de rodillas. En algunos casos, sin duda, existe el amanecer de la fe y el deseo de buscar a Cristo; pero en otros casos los que así se arrodillan lo consideran una savia para curar sus heridas, o como un soborno para el perdón, o como tanto dinero bueno dispuesto para la compra de la gloria. Naturalmente, los hombres corren a un pacto de obras, pero debe ser otra clase de obra para traernos a Cristo. Un condenado corre a un pacto de obras. Es un hombre convertido que abraza el pacto de gracia. Con esto concluyo el rechazo del segundo error.

El caso de los que piensan que cumplen con el deber debido a la inclinación de sus corazones

Hay un tercer error. Hay algunos que piensan que no deben cumplir el deber porque Dios lo manda, sino porque sus propios corazones los inclinan hacia él. A esto respondo: aunque debemos realizar deberes tales como orar y oír porque Dios nos ha mandado que así lo hagamos, sin embargo, no es suficiente realizarlos porque Dios les ha mandado. Debe entenderse que hay dos tipos de leyes – leyes positivas y leyes naturales. Algunas leyes se basan en la voluntad de Dios y otras se basan en la naturaleza de Dios. Las que se basan en la voluntad de Dios son buenas porque Dios las manda. Muchas de las leyes del Antiguo Testamento, tales como las ceremonias y la prohibición de ciertas carnes, eran leyes positivas. Estas cosas no eran ni buenas ni malas en sí mismas, pero solo eran buenas o malas debido a que Dios las mandó o las prohibió. Algunas leyes, por otro lado, se fundaban en la naturaleza de Dios y eran intrínsecamente buenas en sí mismas, y no solo buenas porque Dios las mandó.

En cuanto a la primera de ellas, a saber, aquellas leyes que se fundaban en la mera voluntad de Dios, era suficiente que los hombres las obedecieran simplemente porque Dios les había mandado. El apóstol las llamó un "yugo" que ni ellos ni sus padres pudieron llevar (Hch 15:10). Al hablar así, Pedro indicó que obedecerlas era más porque Dios las había mandado, que por cualquier bondad intrínseca inherente en ellas. Al llamarlas un yugo, señalaba que los judíos las obedecían, no por amor a las cosas ordenadas, sino por amor al Dios que las mandó. Eran en efecto un yugo pesado, pero aun así lo soportaban hasta que Dios lo quitó. Eran leyes duras, pero se sometieron a ellas hasta que Dios se complació en anularlas. Y, de hecho, bien puedo llamarla sumisión, porque su obediencia se debía más a la sumisión que al placer. Y para esas leyes era suficiente que las obedecieran simplemente porque Dios les había mandado.

Pero en cuanto a las otras leyes, las que eran fundadas en la naturaleza de Dios, y que eran en su propia naturaleza buenas y santas, no era suficiente obedecerlas solamente porque Dios las había mandado. También se requería que en los corazones de los hombres hubiera un principio interno agradable para ellos, un amor interno y una inclinación del corazón. Estos mandamientos no deben estimarse un yugo o una carga, sino un deleite; y deben obedecerse en un espíritu de amor.

Cuando se nos ordena amar a Dios, temer a Dios, honrar a Dios, no es suficiente hacerlo porque Dios lo manda, pero debe haber un principio interior engendrado en nosotros por el cual lo hacemos. El que ama a Dios solamente porque Dios lo ordena, no ama a Dios en absoluto. Si este mandamiento fuera todo, entonces si Dios no lo hubiera ordenado, él no lo haría. Pero un cristiano debe hacerlo, aunque no exista una orden que le obliga a hacerlo. Ve tanta belleza y amor en Dios que su corazón está tan envuelto en él y necesita amarlo.

Y en cuanto a la oración, no basta con que un hombre cristiano ore solo porque Dios ha ordenado la oración, sino que debe cumplir al deber de la oración por el deseo de estar en comunión con Dios. Cumple el deber, pero no como un deber ordenado. Los corazones carnales que no tienen amor cumplen el deber como un mandato al desnudo. El verdadero creyente, al contrario, va a la oración porque es un medio de conversar y de tener comunión con Dios y halla la felicidad cuando puede disfrutar de un poco de dicha comunión con Dios a través del deber. Busca conversar con Dios, no como un siervo con su amo, sino como un niño con su padre; no como una cuestión de deber, sino como su naturaleza lo incline; no como un servicio solamente, sino también como un privilegio. Considera el acceso a Dios y la comunión con él uno de los más altos privilegios de un cristiano.

Cuatro maneras en que el creyente está libre del deber
Estoy de acuerdo en que los cristianos son liberados del deber por su libertad en Cristo, pero solo de estas cuatro maneras:

(1) Somos libres del deber como nuestra labor. Como labor, era una carga para nosotros. No somos como jornaleros en los caminos de Dios, como si tuviéramos que ganar cada centavo que tenemos en la mano. En la medida en que el deber es una labor, estamos libres de ella.

(2) Somos libres de los impuestos gravados a nuestra labor. Andamos en el camino del deber, pero no de esta manera, porque aquellos que caminan en el deber como labradores no lo siguen por amor al trabajo, sino por amor a los beneficios que se obtienen de él. Un cristiano desempeñará su deber porque lo ama, aunque no vea ningún beneficio en ese deber. El trabajo es en sí la recompensa y el pago. Considera a un hombre que ama el pecado, cuya naturaleza es llevada en cautiverio al pecado. Pecará, aunque sea para su total destrucción. Así será que un hombre piadoso servirá a su Dios. Seguirá en el camino de la obediencia incluso si no le da recompensas. Hay tal idoneidad entre un hombre piadoso y el deber cristiano que lo realizará, aunque no consiga de él ningún beneficio.

(3) El creyente está libre de la esclavitud del espíritu en el cumplimiento del deber, y tiene el deber de una semejanza infantil del espíritu, pero otros cumplen el deber debido al miedo de los golpes o de la vara. Si no fuera por el temor de que Dios los castigara por su omisión, no cumplirían con los deberes. Pero el hombre piadoso haría el deber incluso si no

hubiera castigo. Cuenta como su mayor castigo el perderse de la comunión con Dios.

El caso de Absalón nos servirá para ilustrar este asunto. Absalón había sido desterrado de la corte y de Jerusalén. Después, a través de la mediación de Joab, se le permitió regresar a Jerusalén, pero se le negó la admisión a la corte y la comunión con su padre. Con lo cual envía a Joab para mediar por él. Se estimó que el destierro de los ojos de su padre era una miseria mucho mayor que la misericordia del perdón. Por lo tanto, dijo: "Vamos a ver su rostro, aunque me mate". No pensó que ningún castigo por su culpa fuera tan grande como un mal que se le negara el acceso a su padre y la comunión con él (ver 2 S 14). Así es aquí con el alma. El hombre piadoso piensa que este es el castigo más grande, que se le niegue el acceso a Dios y la comunión con él. Oh, estima que esto sea la altura de la miseria. Más bien sería asesinado en comunión y acceso a Dios que disfrutar de todos los demás tipos de libertad y ser negado tal acceso. Un hombre de corazón corrupto cumple el deber debido a la amenaza del castigo. Un hijo de Dios considera que el castigo mayor es estar separado de la comunión con Dios. Ha alcanzado la altura de la felicidad cuando logra dicha comunión. "Bienaventurado el que tú escogieres y atrajeres a ti, Para que habite en tus atrios; Seremos saciados del bien de tu casa, De tu santo templo", dice el salmista (Sal 65:4), y es en su cercanía a Dios que encuentra su delicia.

(4) El creyente está libre del deber como el salario de la ley. No cumple el deber para que le pueda ir bien en el presente; ni tampoco lo cumple para ganarse la gloria en el porvenir.

Considera la comunión y la cercanía a Dios como la felicidad suficiente y suprema. Su espíritu no le dice: actúe así, ore, obedezca, y todo le irá bien en este mundo, y ganará el cielo en el más allá. ¡No! Considera que estar comunión con Dios es en sí un pedazo del cielo. Esto es COELUM EXTRA COELUM (el cielo de este lado del cielo). Hay suficiente en la misma comunión con Dios como para inducirle a cumplir el deber. Se compromete con el deber como si, en sí mismo, fuera una parte de su recompensa; y si puede encontrar a Dios en el deber, si puede conversar y tener comunión con él a través de la obediencia, entonces ha saciado su alma del cielo y de la gloria. En cuanto a otras oraciones, en las que su alma no encuentra ninguna comunión especial con Dios, tiene este consuelo de ellos: que su alma se dispuso en sinceridad para conversar con Dios y tener comunión con él, aunque, hombre miserable y pobre que es, hubiera fallado en obtenerla.

Nueve diferencias entre la obediencia legal y la obediencia evangélica

Pasaré a mostrar las diferencias entre dos espíritus – el espíritu legal y el evangélico – en nueve puntos específicos:

(1) El principio que mueve el espíritu legal es el de un verdugo, el que mueve el espíritu evangélico es el de un niño. En el primero, el hombre hace las cosas con un espíritu legal, ya sea con la esperanza de obtener recompensas o temiendo el castigo merecido. En el último, por otro lado, cumple el deber con el fin de obtener la comunión con Dios, sabiendo que esa misma comunión constituye su recompensa y felicidad y que en la medida que dicha comunión falte encontrará el castigo más grande que pueda soportar.

(2) El último hace estas cosas como un deleite, y el primero las hace como una carga. Y de hecho debe ser una carga tremenda para aquellos que al orar no encuentran a Dios ya sea ellos ascendiendo a Dios o Dios descendiendo a ellos. Para el hombre que se ocupa únicamente con el deber mientras lo cumple es tedioso; pero para aquellos que se ocupan con Dios, con Cristo, al cumplir sus deberes es un deleite. Aunque el hombre de espíritu legal orare, no tiene nada que ver con Dios en la oración, ni Dios tiene nada que ver con él; tiene que ver solo con el deber; sí, y no solo con el deber, porque tiene que ver con el mundo, con el pecado en el deber, no con el deber en el deber, mucho menos con Dios en el deber. Por lo tanto, se vuelve para él un trabajo tedioso. Pero el hombre de espíritu evangélico tiene que ver con Dios. Trabaja, respira y su corazón gime por él. Tiene sus ojos puestos en Dios y lo busca en oración, aunque no pueda disfrutarlo.

(3) El primer tipo de hombre cumple el deber desde las convicciones de la conciencia, el último desde la necesidad de su naturaleza. Para muchos, la obediencia es su precepto, no su principio; y la santidad es su ley, no su naturaleza. Muchos hombres están convencidos de que deben hacer esto o aquello, por ejemplo, que deben orar, pero no tienen el corazón que desea y sostiene las cosas que saben que deben hacer. Convicción sin conversión es un tirano más que un rey; restringe, pero no persuade; conmueve, pero no inclina el alma hacia la obediencia. Aterroriza, pero no reforma; pone a un hombre en miedo del pecado y le hace temer la omisión del deber, pero no le permite odiar el pecado o amar el deber. Todo lo hace por convicción de conciencia, pero no por una

nueva naturaleza. La conciencia le dice al hombre que debe hacer ciertas cosas, pero no le da fuerza para hacerlo. Puede mostrarle el camino correcto y decirle lo que debe hacer, pero no permite que el alma lo haga. Como un hito en el camino, muestra al viajero la dirección, pero no le da fuerza para caminar. Por otro lado, el principio del evangelio y la gracia son para el alma como el piloto en una nave que no solo señala el camino, sino que la dirige en la forma que él designa.

(4) El hombre regido por el espíritu legal busca su satisfacción en el cumplimiento del deber, el hombre regido por el espíritu evangélico busca la satisfacción en el deber al encontrar a Cristo por medio de él; no es en el deber sino por encima del deber que encuentra su satisfacción.

(5) El primer tipo de hombre se contenta con la cáscara, el último no se contenta sin la sustancia. El hombre piadoso va al deber como medio de comunión con Dios, para ver a Dios, para disfrutar de Dios, y para hablar con Dios; el otro va al deber meramente para satisfacer los azotes de su conciencia.

(6) El hombre regido por el espíritu legal cumple su deber para vivir por él. Pregúntele a tal hombre cómo piensa que llegará al cielo y dirá que lo alcanzará por medio de la oración. El creyente, por otra parte, ora y cumple su deber porque quiere vivir solo para Cristo. Vive en el deber, pero no por el deber; vive en obediencia, pero ve más allá que la obediencia: "mas no vivo yo, pero Cristo vive en mí". Él busca a Cristo, y de Cristo, como si nunca hubiera orado una oración o derramado una lágrima. Aunque haya hecho ambas cosas en abundancia, sin embargo, para su aceptación mira a Cristo como si

él mismo no hubiera hecho nada en absoluto.

(7) El hombre regido por el espíritu legal hace las cosas formalmente; el otro las hace fervientemente. Sin embargo, no dudo que a veces puede haber frialdad en un hombre piadoso y seriedad en el otro. Si los sacerdotes de Baal oraban a su ídolo con tanta seriedad, mucho más puede una conciencia natural. Un hombre natural puede orar con seriedad. No hay duda de que Acab fuera en algún momento serio. Un condenado puede llorar seriamente por el perdón. Un hombre natural puede orar seriamente en momentos de miedo o terror, o bajo los azotes de la conciencia, pero no llora de manera creíble. Puede haber mucho afecto en una oración cuando hay poca fe; puede haber afecciones carnales, afecciones naturales, afecciones acentuadas ya sea por convicciones, miedos o terrores. Sin embargo, estos son solo los gritos de la naturaleza, del sentido, y de la razón; los gritos de la carne, no de la fe. Los afectos basados en la fe verdadera no son visibles, pero son fuertes y profundos; aunque no sean violentos, son dulces y duraderos.

(8) El hombre formal tiene el deber de servir para otros fines, y especialmente cuando se encuentra en dificultades extremas. En ciertos casos, las cosas que en sí mismas son vistas como malas pueden ser realizadas. Un comerciante puede desechar todos sus bienes del barco en el que navega; no es que él mire el acto como deseable - puede desechar su corazón con sus bienes - pero en cierto caso puede someterse a él, para salvar su vida. Algunos hombres se comprometen en el deber de una manera similar; desean santidad, pero solo bajo gran presión externa. Ven la oración, la obediencia, la morti-

ficación de sus deseos como unas de tantas tareas difíciles e imposiciones a las que deben someterse si han de llegar a la gloria. Pero no es así con el hombre piadoso. Considera estos deberes como su cielo, como parte de su felicidad, un pedazo de su gloria. No las hace por una necesidad de sumisión, sino por placer; estas cosas no son su penitencia sino su gloria y su deseo. El otro hombre parte con el pecado, no porque el pecado no sea deseable, pues llora por haberla abandonado, sino porque es maldito. Parte con el pecado como Jacob se separó de Benjamín, porque de otra manera él moriría de hambre; o como el comerciante con sus bienes, porque de otra manera él perderá su vida. Y así busca la santidad, no por amor y deseo de ella, sino porque debe soportarla si al fin llegara al cielo. Pero el hombre piadoso, por otro lado, se aleja del pecado como un veneno, como una cosa maldita de la que desea ser librado, y abraza la santidad como su felicidad. Tiene sed de disfrutarla y de ser absorbido por ella.

(9) El hombre regido por el espíritu legal tiene el deber como un hombre enfermo come su comida, no por deseo ni deleite, sino porque sabe que morirá si no come; sin embargo, no tiene deseo ni apetito para él. Pero el hombre piadoso tiene el deber de la manera en que un hombre sano se alimenta, no solo porque necesita comida, sino porque la desea y se deleita en ella. El primer hombre se compromete en el deber como si fuera medicina, no comida. Se muestra reacio al cumplirlo; no tiene placer en ello; lo cumple solo porque concibe que la salud de su alma lo exige. Pero el hombre piadoso se compromete en el deber como un hombre saludable acude a un banquete; hay deleite, deseo y placer en el ejercicio. Los piadosos son como los bebés recién nacidos que desean la leche no

adulterada (1 P 2:1). El hombre regido por el espíritu evangélico llora: "lo bueno que haría, no lo puedo hacer; lo malo que no haría, lo hago". El otro hombre llora: "lo bueno que no tengo deseo de hacer, lo hago; y lo malo que deseo hacer, no me atrevo a hacer". El último pecaría, pero no se atreve a causa de la ira; él tiene el deber, pero no tiene corazón para ello porque carece del espíritu correcto.

Deleite en el deber

Todo deleite en los deberes surge de la idoneidad del espíritu en la realización de ellos. Si no hay gracia dentro del corazón para responder a la llamada del deber desde fuera, si no hay ningún principio en el corazón conforme al precepto de la Palabra, el corazón nunca se deleitará en ellos. Esta es la razón por la que un hombre piadoso se conduce bien en el deber, no solo porque está bajo órdenes sino porque tiene la naturaleza que verdaderamente y con razón responde al mandato. La ley de Dios que está en la Biblia ha sido escrita en su corazón; es su naturaleza, su nueva naturaleza. De esta manera, el cumplir con el deber no es otra cosa que seguir su propia naturaleza renovada. El ojo no necesita ser ordenado para ver, ni el oído para oír; es su naturaleza ver y oír. La facultad de ver es el mandato de ver. En cuanto se renueva el corazón, es tan natural que obedezca como lo es para el ojo ver o para el oído oír; es tan natural vivir en obediencia como lo es para los peces vivir en el agua o los pájaros volar en el aire.

Por eso, no obedecemos simplemente porque la obediencia es ordenada - el mandamiento es para los que no tienen ningún principio vital en ellos – sino que obedecemos en base a un principio que Dios ha implantado en nosotros adecuado a los mandamientos de Dios. Concedemos que el mandato es la regla, aparte de nuestra obediencia, pero la gracia es el principio que llevamos por dentro. El corazón y el mandato responden el uno al otro. Como la cara responde a la cara en el espejo, así es con el corazón y el mandato; el mandato se escribe en el corazón. Esta es la razón por la que hay tanto placer en la obediencia del hombre piadoso, porque es natural obedecer, en la medida en que el corazón se renueva. Como es natural que el ojo vea y que el oído oiga, asimismo es natural que el corazón renovado ceda obediencia al mandamiento; y con esta obediencia obtenga el deleite. "El hacer tu voluntad, Dios mío, me ha agradado, Y tu ley está en medio de mi corazón" (Sal 40:8). ¿Dónde estaba su deleite? El salmista lo demuestra en las siguientes palabras: "tu ley está en medio de mi corazón". Aquí vemos el fundamento de la verdadera obediencia; la ley no era solo su mandato, sino su propia naturaleza. Si la ley es simplemente nuestro mandato, no podemos deleitarnos en hacer la voluntad de Dios. Podemos cumplir los deberes, pero no podemos deleitarnos en ellos, aunque podemos pensar que son necesarios como algo necesario para la gloria y para el cielo; pero una vez que la ley de Dios se convierte en nuestra propia naturaleza, entonces venimos a deleitarnos en la obediencia y en los caminos de Dios.

Las acciones de la naturaleza son acciones de deleite. El ojo nunca se cansa de ver ni el oído de oír; ni el corazón se cansa de obedecer; es decir, hasta que el corazón se renueva o se santifica. En la medida en que la ley de Dios es parte de su naturaleza, en esa misma medida encontrará deleite en la obediencia. Dios ha prometido en su pacto de gracia escribir su ley en el corazón. Para los que no han sido transformados, la ley la tienen en tablas de piedra; es una cosa ajena a ellos, y el trabajo es duro. Pero para los piadosos, Dios dice que escribirá sus leyes en sus corazones y las trasplantará en el alma; se convertirán en la naturaleza del creyente. Y entonces la obediencia no parece ser un mandato extraño, una ley impuesta desde fuera, pero la obediencia se convierte en algo natural, que surge de una ley dentro del corazón, de la misma naturaleza del hombre piadoso. De esta fuente brota la abundancia de deleite en la ley que vemos a lo largo del Salmo 119. El deleite en la obediencia a Dios en su ley se convierte en la naturaleza del hombre, y en la medida en que esa nueva naturaleza actúa, actúa con deleite.

Reconozco que puede haber una especie de cansancio y tedio en nosotros a veces cuando buscamos hacer esas cosas que todavía son naturales y llenos de placer. Aunque es natural que los ojos vean, y aunque ver es su deleite, Salomón dice que "nunca se sacia el ojo de ver" (Ec 1:8) eso debe ser entendido de un ojo sano. Si el ojo está dolido y enfermo, puede engendrar un tedio en el ojo incluso cuando hace aquello en que tanto se deleita.

De manera similar, aunque es natural que el alma obedezca y se deleita en la obediencia, como el pez se deleita en el agua, sin embargo, si el principio en el que actúa desde dentro se vuelve perturbado y herido, puede engendrar una especie de cansancio o tedio en el alma al hacer esa cosa que tanto se deleita de hacer.

Este cansancio puede surgir de varias causas. El corazón del creyente puede ser absorbido por afecciones carnales, o puede ser retirado por los restos de la corrupción. A veces puede conducir pesadamente bajo alguna tentación; o pruebas extrañas pueden intervenir y ocasionar un cierto hundimiento de los espíritus. Y, por desgracia, la causa puede ser una recaída en el pecado. Sin embargo, toma al santo en su peor momento, y encontramos que tiene un sesgo más fuerte hacia Dios que otros incluso en sus mejores momentos. En un caso hay una voluntad renovada, aunque para el presente una voluntad oscurecida o en conflicto; en el otro caso puede haber algún movimiento hacia la entrega de obediencia, pero la voluntad es deficiente.

Capítulo 6
Servidumbre Parcial

Pregunta IV: ¿Pueden los hombres liberados por Cristo volver a caer en servidumbre del pecado?

Debemos considerar si los hombres libres en Cristo, o aquellos hechos libres por Cristo, pueden o no pecar de modo que vuelvan a caer en servidumbre. Algunos dicen que sí y otros responden que no. Compartiré brevemente mi perspectiva al respecto.

Dos tipos de servidumbre
Hay una doble servidumbre; la servidumbre universal, y la servidumbre parcial o gradual. Consideraremos primero la servidumbre universal, o sea, el estado de esclavitud, que es la servidumbre propiamente tal. Esta servidumbre tiene tres facetas:

Servidumbre universal
(1) Es una servidumbre al pecado, como se expresa en Tit 3:3: "porque nosotros también éramos en otro tiempo insensa-

tos, rebeldes, extraviados, esclavos de concupiscencias y deleites diversos, viviendo en malicia y envidia, aborrecibles, y aborreciéndonos unos a otros". Así también en Ro 6:20: "porque cuando erais esclavos del pecado, erais libres acerca de la justicia". Y otra vez en Jn 8:34: "Jesús les respondió: De cierto, de cierto os digo, que todo aquel que hace pecado, esclavo es del pecado". Y de nuevo en 2 P 2:19: "les prometen libertad, y son ellos mismos esclavos de corrupción. Porque el que es vencido por alguno es hecho esclavo del que lo venció".

(2) Es una servidumbre a Satanás, que es el carcelero de Dios, y sostiene a las almas pobres en cadenas y detrás de rejas de hierro para no ser quebrantadas. Él es el "espíritu que ahora opera en los hijos de desobediencia" (Ef 2:2).

(3) Es una servidumbre a la ley, tanto a su rigor como a su maldición. La ley requiere de nosotros cosas imposibles y con tal severidad que no aceptará de los esfuerzos más eminentes sin un desempeño perfecto. Tampoco aceptará obediencia en lo mucho, si un hombre falla en lo poco. Tampoco admitirá el arrepentimiento después del fracaso; una violación de la ley no puede ser hecha de nuevo, ni por una doble diligencia ni por el arrepentimiento. Tal es el rigor de la ley.

Las almas bajo la ley están en servidumbre a su maldición. Es una maldición extensa y universal que se extiende al alma, al cuerpo, a la plata y al oro, y a las relaciones, como se puede ver en Dt 29. Es una maldición inevitable. El hombre es incapaz de obedecerla en todo y por lo tanto es inevitablemente encerrado bajo su la maldición; como el apóstol explica en Gl 3:9-11: "de modo que los de la fe son bendecidos con el creyente Abraham. Porque todos los que dependen de las obras de la ley están bajo maldición". Y ¿cómo lo comprueba?, "Pues escrito está: Maldito todo aquel que no permaneciere en todas las cosas escritas en el libro de la ley, para hacerlas. Y que por la ley ninguno se justifica para con Dios, es evidente, porque: El justo por la fe vivirá". Aquí vemos la imparcialidad de la maldición y su severidad. La maldición afecta a todos los que están bajo la ley que no la obedecen, es decir, que no la obedecen perfectamente. Si un hombre debe obedecer en todo, pero comete una omisión y falla en su vida, terminará bajo la maldición. Y un hombre bajo la ley que sigue sin obedecer en todas las cosas es maldecido. Este, entonces, es el estado de servidumbre universal, o la servidumbre propiamente tal.

Servidumbre parcial

También hay una servidumbre parcial o gradual, una servidumbre en parte o en grados, que es una servidumbre indebidamente llamada así. Esto es una esclavitud en virtud de la comodidad, y también en virtud de la manera de obediencia. Y así responderé a esta pregunta en dos conclusiones.

(1) La primera conclusión es que el hombre libre en Cristo, o hecho libre por Cristo, nunca más caerá en el primer tipo de servidumbre, es decir, en la esclavitud universal o el estado de servidumbre. El hombre libre de Cristo nunca puede volver a convertirse en esclavo en las garras de Satanás. Nunca más será un siervo para pecar, porque la promesa dice: "porque el pecado no se enseñoreará de vosotros; pues no estáis bajo la ley, sino bajo la gracia". (Ro 6:14). El pecado puede

ejercer una tiranía, pero nunca una soberanía. Un creyente puede ser llevado cautivo, como dice el apóstol en Ro 7:23 - "me lleva cautivo a la ley" - pero nunca será un cautivo dispuesto. Puede caer en pecado, pero nunca más será un siervo del pecado ni caerá jamás en una sujeción voluntaria al pecado.

Tampoco puede un creyente ser un esclavo de Satanás. Satanás puede obtener la ventaja, pero nunca podrá enseñorearse de él como siervo dispuesto. Tampoco puede volver a estar bajo la ley, su rigor y su maldición. La ley no puede otorgarle ninguna condena. Y ¿por qué? Porque no está bajo la ley, sino bajo la gracia. Si él puede pecar para caer de la gracia, entonces de hecho es traído una vez más bajo el rigor de la ley y su maldición. Pero esto es una imposibilidad. El creyente es libre. Con esto basta para mi primera conclusión.

(2) La segunda conclusión es que, aunque los hombres libres en Cristo no pueden volver a caer en un estado de servidumbre, es decir, en un estado de servidumbre universal, pero pueden caer en una esclavitud gradual o parcial. Esto aparecerá en dos casos particulares.

Una servidumbre con respecto a la comodidad

Los hombres libres en Cristo pueden caer en una esclavitud en virtud de la comodidad. Esto aparece en el caso de David como se observa en el Salmo 51: "vuélveme el gozo de tu salvación". Los hombres que no siguen la dirección del Espíritu de Dios carecen de su consuelo. Si hacen obras de oscuridad, deben esperar caminar en oscuridad. Aunque las promesas de gracia son absolutas, las promesas de paz y consuelo parecen ser condicionales. No es que nuestro caminar tenga algún poder meritorio o merecedor para conseguir nuestra paz. Pero esta es la manera en que Dios la concede y nos da paz y consuelo. En los caminos del deber mantenemos nuestra comunión con Dios, nuestra proximidad a él, nuestras obras de fe y gracia; y en estos caminos se procuran el consuelo y la paz. La gracia es como el fuego, el consuelo como la llama que proviene de él.

Pero como es con la madera verde, así es con nosotros. La madera verde necesita una explosión continua para mantener la llama, de lo contrario rápidamente se vuelve ceniza y se apaga la llama, así debemos nosotros ejercitar continuamente nuestras gracias. No habrá llama, no habrá consuelo, sin el ejercicio de la fe y de la gracia, y sin un caminar obediente ante Dios. Las promesas de gracia, como ya he dicho, son absolutas, pero las promesas de consuelo son condicionales: "el que sacrifica alabanza me honrará; y al que ordenare su camino, Le mostraré la salvación de Dios" (Sal 50:23). "Y el efecto de la justicia será paz; y la labor de la justicia, reposo y seguridad para siempre" (Is 32:17).

"Saliste al encuentro del que con alegría hacía justicia, de los que se acordaban de ti en tus caminos; he aquí, tú te enojaste porque pecamos; en los pecados hemos perseverado por largo tiempo; ¿podremos acaso ser salvos?" (Is 64:5). "Si me amáis, guardad mis mandamientos. Y yo rogaré al Padre, y os dará otro Consolador, para que esté con vosotros para siempre" (Jn 14:15-16). "El que tiene mis mandamientos, y los guarda, ése es el que me ama; y el que me ama, será amado por mi Padre, y yo le amaré, y me manifestaré a él" (Jn

14:21). Aquí, se ve, todo parece a él en condición. Así está escrito en Gl 6:16: "y a todos los que anden conforme a esta regla, paz y misericordia sea a ellos, y al Israel de Dios". De modo que, si los hombres no caminan en obediencia, pueden carecer de consuelo y pueden carecer de paz.

Los hombres libres en Cristo pueden caer una esclavitud por el pecado, aunque no en la esclavitud del pecado. Pueden caer en una esclavitud de miedo, sí, y una esclavitud de problemas. Su pecado puede costarles quebrantamiento de huesos, aunque no caerán jamás en un estado de servidumbre otra vez. Aunque un creyente no puede pecar para ahuyentar la gracia, sin embargo, puede perder la evidencia, el sentido, el consuelo de la gracia por su pecado. Aunque no puede pecar para ahuyentar su perdón, sin embargo, puede perder su sentido y su consuelo. Aunque tiene el perdón, no tiene su consuelo. Es como si no hubiera perdón en lo que a él se refiere; de lo contrario, estamos obligados a decir que un hombre puede tener plenitud de paz, de seguridad y de consuelo, incluso cuando está involucrado en los actos más altos de pecado. Y algunos incluso han dicho esto.

Un hombre cristiano no solo puede perder el sentido y la comodidad del perdón, sino la evidencia y el conocimiento del perdón, como el apóstol Pedro parece implicar: "pero el que no tiene estas cosas tiene la vista muy corta; es ciego, habiendo olvidado la purificación de sus antiguos pecados" (2 P 1:9). Los pecados nuevos traen nuevos miedos, nuevas culpas y nuevos problemas. Todos los antiguos cimientos y lugares de descanso del alma parecen sacudirse; surgen nuevas dudas dentro del hombre sobre su salvación y estas nuevas dudas traen nuevos problemas y miedos al alma.

Pero algunos plantean objeciones a esta doctrina. Dicen que esta es la debilidad del hombre cristiano, porque los hombres libres en Cristo sueltan la ley para disfrutar del Espíritu libre de Cristo. El Dr. Tobías Crisp habla así en su libro *Cristo solamente exaltado*. Dice que los cristianos tienen discurso y sociedad libres con el Espíritu de Dios, y pueden escuchar todo el lenguaje de la gracia, los pensamientos de Dios, sí, y con aplicación y comodidad, y eso (como algunos incluso dicen) cuando recién salen del pecado.

Respondo: Esta es nuestra debilidad, pero una debilidad penal, una debilidad que es un castigo de la maldad anterior. Hay tres tipos de deserciones que pueden afectar al hombre piadoso: las condicionadas, para la prevención del pecado, como parece ser la de Pablo; las probatorias, para el juicio y para el ejercicio de la gracia, como la de Job; y las penales, para el castigo siguiendo el camino hacia la maldad, como en el caso de David.

En los dos primeros casos, es nuestra debilidad, pero en el tercer caso la debilidad es muy diferente. Es traído sobre nosotros mismos por el pecado cometido, una debilidad infligida en nosotros como castigo por la maldad cometida, como la fue en David. Su gran pecado había traído este problema y debilidad sobre él.

El Espíritu de Dios es un Espíritu tierno y delicado. Si lo afligimos, él nos entristecerá. Si no seguimos sus consejos y sus órdenes, perderemos las comodidades y alegrías que nos trae. "Pero vuestras iniquidades han hecho división entre vosotros y vuestro Dios, y vuestros pecados han hecho ocultar de vosotros su rostro para no oír" (Is 59:2). El pecado no conduce a una separación total o final de Dios; sin embargo, puede causar un retiro y puede engendrar una distancia entre Dios y nosotros. Puede arrojar una nube gris, y toda la fe que tenemos no será capaz de despejarla, tal como fue el caso con David. Un pasaje en Isaías prueba esto: "por la iniquidad de su codicia me enojé, y le herí, escondí mi rostro y me indigné; y él siguió rebelde por el camino de su corazón" (57:17). Aquí vemos lo que el alma atrae cuando admite el pecado, incluso el pecado ordinario. Todos los viejos lugares de descanso del alma se vuelven turbulentos. Todas sus viejas evidencias son entenebrecidas y escondidas sin poder discernirlas.

Pero se puede decir que esto es simplemente su debilidad, como dice David en Sal 77:10: "enfermedad mía es esta". Admito que es nuestra debilidad cuestionar las bendiciones pasadas, como, por ejemplo, si Dios nos ha dado una evidencia bien fundada de perdón y de nuestro interés en Cristo, somos propensos a poner todo de nuevo en tela de juicio. Pero debemos recordar que hay una debilidad que llega al hombre debido a su lejanía de Dios, una debilidad que acompaña a la maldad. Dios lo permite para que sus objetivos paternos puedan ser alcanzados. Tal hombre debe ser humillado por su pecado, y por lo tanto cuatro cosas vienen sobre él: Dios ahora no lo mira como antes; la conciencia no le habla pacientemente como antes; puede ser que Satanás se le avecine para tentarlo; puede ser que el Espíritu de Dios se retire de él. Entonces no hay motivo por maravillarse cuando el hombre se encuentre en problemas y cuando su alma carece de consuelo.

Pero algunos pueden objetar y decir: Es la obra del hombre, después de haber cometido pecado, creer; y si cree, será consolado.

Respondo: El consuelo es el fruto de la fe, y en este sentido es nuestro trabajo creer. Pero un hombre puede ser capaz de creer y, sin embargo, ser incapaz de ser consolado. Un hombre puede descansar en Cristo para el perdón y, sin embargo, no ser capaz de dar evidencia de que está descansando en él. También, un hombre puede ser capaz de discernir sus propios actos y, sin embargo, su consuelo puede suspenderse por un tiempo. Aunque es nuestro trabajo creer, no es nuestro trabajo ser consolados. Dios nos conforta de manera ordenada, pasando de creer y llorar a la alegría y al consuelo. El funcionamiento de Dios es un funcionamiento ordenado. Ahora es la obra de un hombre, por lo tanto, si ha pecado de nuevo, creer de nuevo, y llorar de nuevo, y luego recibir el consuelo de Dios.

Una vez más, un cristiano puede ser consolado, en primer lugar, con respecto a su anterior justificación. Su nuevo pecado no cancela su viejo perdón, aunque interrumpe y perturba su paz y consuelo en el momento. En segundo lugar, puede ser consolado en que hay misericordia suficiente en Dios para perdonar sus pecados, gracia suficiente en Cristo para curar el pecado nuevo. Y más aún, en esto debe encontrar consuelo, que Dios no lo conduce a vivir en pecado, sino que él le ha revelado su pecado, y lo ha humillado por ese pecado, y lo trajo de vuelta a Cristo en quien puede renovar su paz y recuperar su sentido de consuelo.

Pero algunos objetarán que, si nuestra paz puede ser interrumpida por nuestra mala conducta, entonces la paz y el consuelo no dependen de Cristo, sino de nosotros mismos; que no es la obra de Cristo sino nuestra conducta que nos trae la paz.

Respondo: algunos distinguen entre la paz con Dios y la paz con nosotros mismos. La paz con Dios no puede perderse, pero la paz con nosotros mismos sí puede perderse. Otros distinguen entre la paz *de* la conciencia y la paz *con* la conciencia. Así como los hombres malvados pueden tener paz *con* la conciencia, pero no hay paz *de* la conciencia, así también los piadosos pueden tener paz *de* la conciencia, pero no paz *con* la conciencia.

La conciencia puede objetar y pelear y discutir, cuando realmente el alma está verdaderamente en paz.

Otros distinguen entre una paz *real* y una paz *disfrutada*. Los piadosos pueden tener una paz real con respecto a su estado y condición, y sin embargo pueden carecer de un sentido de paz que puedan disfrutar. Otra vez, otros distinguen entre la paz *de* la justificación, y la paz *por* la justificación. La primera, dicen, permanece inviolada e ininterrumpida, incluso cuando el alma no ve ni siente sus consuelos habituales (ver 2 Co 5:7 y Sal 49:5), pero la última puede ser interrumpida y perturbada por nuestra manera de vivir. Y, sin embargo, otros distinguen entre una paz de *justificación* y una paz de *santificación*. La primera, dicen, no depende más de nuestro caminar que nuestra justificación en sí; pero la segunda depende de la exactitud de nuestra conducta. Dios, dicen, no mantiene nuestra paz mientras que nos negamos a caminar en los caminos de la paz: "y a todos los que anden conforme a esta regla, paz y misericordia sea a ellos, y al Israel de Dios" (Gl 6:16). Dios siempre lleva a cabo su obra de paz y santidad en proporción la una de la otra, y la primera nutre y ayuda a la segunda.

En una palabra, concibo que podemos distinguir entre el fundamento y el ser de la paz de un cristiano, y el florecimiento y el bienestar de la misma. El fundamento de nuestra paz cristiana no está en nosotros, sino en Cristo, no en nuestra santidad, sino en su justicia, no en nuestro caminar, sino en su sangre y sufrimiento. Él es nuestra paz, y en él tenemos paz (Jn 16:33). Se dice que él es nuestra paz (Ef 2:14). Pero el florecimiento y el bienestar de esta paz depende mucho del ejercicio de nuestras gracias y de la exactitud de nuestro caminar con Dios. Es una paz comprada para nosotros por la obediencia de otro, pero es apreciada solo por nuestra propia obediencia. Y, de hecho, hasta ahora depende de nosotros, que, si no caminamos exactamente, aunque no podemos perder nuestro perdón anterior, sin embargo, podemos perder nuestra paz presente.

Cinco facetas de la paz del cristiano
Hay cinco facetas de la paz que el cristiano puede perder.

(1) Hay una paz que fluye del testimonio dando conciencia a nuestra integridad y a nuestro caminar. Ezequías experimentó esta paz cuando dijo: "y dijo: Oh Jehová, te ruego que te acuerdes ahora que he andado delante de ti en verdad y con

íntegro corazón, y que he hecho lo que ha sido agradable delante de tus ojos. Y lloró Ezequías con gran lloro" (Is 38:3). Pablo experimentó lo mismo (Ro 1:9 y 1Ts 2:4-6). Esta paz la podemos perder al pecar. Si caemos en pecado nuevo, las comodidades de nuestro viejo caminar no nos soportarán.

(2) Hay una paz que brota de la comunión del alma con Dios por medio del deber. Hay paz y dulzura en cada parte de la santidad, y esta paz la puede perder el hombre. Toda la dulzura y la unidad del espíritu con el Señor que es suya a través del servicio se aparta de él cuando vuelve a pecar, con el resultado de que el alma, antes consolada, ahora se encuentra perturbada en todos sus acercamientos a Dios y en su conversación con él.

(3) Hay una paz que viene al creyente del ejercicio de la gracia implantada en él. No puede ejercitar la gracia y así detiene la fuente de su paz y su consuelo. Cuando ejerce la fe en Cristo, cuando se arrepiente y llora por el pecado, le resulta algo de paz y algo de consuelo. Pero un hombre puede perder esta comodidad. El pecado nuevo lo hiere y lo perturba en el ejercicio de sus gracias, y las comodidades que fluyen de tales ejercicios son necesariamente interrumpidas. Si un hombre puede perder en cierto punto esa medida de gracia que ha obtenido a través de su propio ejercicio de la gracia, mucho más puede perder la paz que de ese ejercicio fluye.

(4) Hay una paz que brota del sentido y del conocimiento de la gracia de Dios implantada en el alma. Cuando un hombre es capaz de trazar la obra de la gracia en su alma, resulta paz y comodidad. Ahora esta paz también la puede perder el

hombre por el pecado. Puede perder el sentido y el conocimiento de una obra de gracia en su alma. El pecado oscurece y oculta las evidencias de la gracia; el hombre ya no es capaz de leerlas ni discernirlas dentro de él. Posiblemente encuentre suficiente gracia para afligirle, pero no suficiente como para consolarle. Su luz no lo orienta al deber exacto como antes, sino que ahora le aflige.

(5) Hay una paz que fluye de la certeza de la paz con Dios, una paz que fluye del sentido del favor Divino. Esta paz la podemos perder. Aunque no podemos perder nuestro perdón anterior, sin embargo, podemos perder nuestra paz presente. No, podemos perder el sentido y la comodidad, e incluso el conocimiento, de nuestro perdón anterior. Esto parece ser implícito en las palabras del apóstol: "pero el que no tiene estas cosas tiene la vista muy corta; es ciego, habiendo olvidado la purificación de sus antiguos pecados" (2 P 1:9).

Así hemos demostrado que un hombre cristiano, un hombre libre en Cristo, puede caer de vuelta en servidumbre con respecto al consuelo.

Una servidumbre con respecto a la manera de obedecer

Pero una vez más, un cristiano puede caer en la servidumbre con respecto a la manera de obedecer. Su estado actual puede diferir mucho de su estado anterior. Aunque todavía sirve a Dios, no es con esa medida de voluntad, alegría y deleite, no con esa amplitud de corazón que marcó su servicio anterior. David, después de su pecado, deseaba que el Espíritu libre de Dios le fuese restaurado. No había perdido el Espíritu; el Espíritu libre estaba en él; pero le faltaba la libertad que antes tenía. Le faltaban las operaciones y el funcionamiento del Espíritu de Dios. Le faltaba ese consuelo en el servicio y esa libertad de servicio que antes había disfrutado. La vida se le volvió pesada y triste. Es natural que el ojo vea y que el oído oiga. Estos hechos de la naturaleza son acciones de deleite. Pero si el ojo está adolorido y el oído inflamado, puede generar un cansancio y una carga en la realización de estos mismos hechos de la naturaleza. Es lo mismo aquí. Si el principio de la acción dentro de nosotros es herido, puede producir un cansancio en hacer las cosas que antes nos causaban alegría. Aunque el pecado no puede llevar un hombre piadoso al estado de servidumbre, sí lo puede incapacitar para servir plenamente como hijo.

La servidumbre del espíritu puede ser causada por el miedo, por dudas e incredulidad, por la gracia debilitada debido al pecado.

Puede ser causada por una pérdida en el alma de las viejas convicciones de gracia y por su desaliento en todos sus acercamientos a Dios. De hecho, el hombre todavía sirve a Dios, pero es más por obediencia que por placer. No se atreve a orar y, sin embargo, encuentra poco corazón en la oración. Ahora está herido en todos sus acercamientos a Dios. El dulce acuerdo y la co-naturalidad que antes existía dentro de su corazón y su conducta se caduca. La complacencia y el deleite que antes disfrutaba en todos sus acercamientos a Dios también caducan. Su alma se sacuda en las formas de obediencia. Ahora acude al deber como el hombre enfermo se acerca a la mesa. Realiza el deber más bien por las compulsiones de su mente que por cualquier deleite natural que deriva de él. Así les sucede a muchos de los santos que recaen en el pecado. Se entregan a sí mismos a la servidumbre con respecto a la manera de su obediencia.

Con esto concluyo mi respuesta a la cuarta pregunta. Ahora pasaremos a indagar en la quinta pregunta.

Capítulo 7
Obediencia Interesada

Pregunta V: ¿Pueden los hombres libres en Cristo cumplir el deber con el fin de recibir una recompensa?

Se han expresado y examinado tres opiniones con respecto a esta pregunta.

(1) Algunos dicen que debemos cumplir con el deber y caminar en los caminos de la obediencia para merecer el cielo y la gloria. Debemos ayunar, orar y hacer buenas obras; y todo esto con vistas a la gloria, como salario por trabajo, y como la recompensa debida por la obediencia. Y aquellos que creen esto hacen obras - ayuno, oración, penitencia y otras obras - para que con ello puedan ganarse el cielo y la gloria.

El Concilio de Trento pronuncia una maldición sobre aquellos que dicen que una persona justificada no merece la vida eterna por su obediencia. Y ¿qué no haría el orgulloso corazón de un hombre, si al hacerlo pudiera merecer el cielo? ¿Cuántos tormentos han soportado los paganos por la creencia de que estos serían el camino a la felicidad? Y ¿qué no harían los demás? He leído de alguien que dijo que nadaría a través de un mar de azufre si eso le permitiera llegar al cielo. Los hombres se esforzarían sin contar el costo si sus acciones le ganarían el cielo. El corazón orgulloso del hombre tendría la deuda que Dios ha decretado para la gracia. El corazón orgulloso desea obtener por sus propios méritos lo que Dios desea dar de pura gracia.

Pero opiniones como estas no tienen lugar en nuestra investigación. Ciertamente, aunque podemos hacer buenas obras y caminar en los caminos de la obediencia con un ojo a la recompensa, sin embargo, ninguno de nosotros sostiene que estas cosas deben ser hechas para ameritar el cielo. El apóstol nos dice que no es de deuda sino de gracia (Ro 4:4); y de nuevo, "por gracia sois salvos" (Ef 2:5, 8-10). Y una vez más "la dádiva de Dios es vida eterna" (Ro 6:23). "La gloria no es el salario del siervo, sino la herencia del hijo". Así ha dicho Calvino, mientras que San Agustín dice: "Dios corona sus dones, no nuestros méritos".

En efecto, ¿qué valor tienen todas nuestras obras en comparación con esa gloria? Si todos nuestros sufrimientos no son dignos de ser comparados con la gloria que será revelada, ¿qué valor pueden tener nuestras obras? Dijo San Anselmo, "Si un hombre sirviera a Dios por mil años, nunca podría merecer por ese servicio siquiera medio día en la gloria eterna".

Por lo tanto, echaremos los méritos del hombre fuera de nuestra consideración; es demasiado odioso para los oídos cristianos. El apóstol nos dice claramente: "nos salvó, no por obras de justicia que nosotros hubiéramos hecho, sino por su misericordia, por el lavamiento de la regeneración y por la renovación en el Espíritu Santo" (Tit 3:5). "No por obras de justicia", es decir, no por nuestras propias obras, aunque dijéramos, como hacen algunos de los más moderados de nuestros adversarios, "nuestras propias obras rociadas con la sangre de Cristo". Todas son perjudiciales para la gracia. Porque por gracia somos salvados y la gracia no es de ninguna manera gracia si no es de todas maneras gracia. Pero aquí dejamos a tales adversarios, y nos dedicamos a otras opiniones en debate.

(2) Algunos dicen perentoriamente que nuestra obediencia no debe basarse en nuestro interés en el cielo y en la gloria. Debemos caminar, añaden ellos, en todas las formas de obediencia, con esta libertad, sin fijarnos en la recompensa. Dicen que es totalmente inconsistente con el espíritu libre de un cristiano, y destructivo de su libertad cristiana, cumplir el deber de forma interesada.

(3) Hay una tercera opinión que dice que podemos hacer obras santas y caminar en los caminos de la obediencia, y también podemos, al hacerlo, tener en vista nuestra recompensa.

Estas dos últimas opiniones necesitan ser examinadas. Hemos rechazado la primera opinión en base a su inconsistencia con la naturaleza de la gracia y la libertad del evangelio; pero estas otras dos opiniones son sostenidas por algunos como consistentes con la gracia y la libertad cristiana. Sin embargo, parecen ser mutuamente contradictorios. Uno de ellos dice que debemos hacer el servicio santo sin fijarnos en la recompensa. El otro dice que podemos fijarnos en la recompensa en el desempeño de los deberes santos.

La primera opinión, que debemos obrar sin vista a la recompensa, se apoya en los siguientes argumentos:

(1) Porque rechaza la naturaleza de nuestra obediencia y nos hace mercenarios de la gloria en vez de recipientes libres de las dádivas de nuestro Padre. Si obedecemos a Dios con el fin de recibir el cielo y la gloria, no obedecemos libremente, no servimos a Dios por lo que es en sí mismo, sino que lo servimos como mercenarios. Nuestra obediencia es servil en principio y mercenario en su fin.

(2) Porque el interés en la recompensa de la obediencia rechaza la naturaleza de la gracia, y hace que un don libremente concedido de Dios se vuelva un bien que el hombre puede comprar. El interés rechaza, pues, la naturaleza de la gracia.

(3) Porque todas las bendiciones que heredamos son parte del pacto de gracia hecho a nuestro favor. Dice Dios: Te daré gracia, te perdonaré tus pecados, te daré gloria. Ahora no obedecemos para que tengamos perdón, ni obedecemos para que tengamos gracia. ¿Por qué entonces diríamos que la obediencia nos amerita la gloria? ¿Por qué diríamos que la obediencia resulta en la gloria, si la gloria se promete de la misma manera que se promete la gracia y el perdón?

(4) Porque todas las bendiciones que buscamos son completamente pagadas por Jesucristo y provistas por Cristo. Por lo

tanto, no provienen de nuestro mérito. No obedecemos para que podamos conseguir esto o aquello; obedecemos porque la gloria ha sido comprada para nosotros. Como hemos sido persuadidos de esta verdad, obedecemos los mandamientos de Dios.

En cuanto a la otra opinión, que podemos obedecer con interés en la recompensa, se defiende por los siguientes argumentos:

(1) Dios ha propuesto la recompensa como un incentivo a la obediencia, por eso lo podemos tener en cuenta a medida que rendimos obediencia. Si se encuentran motivos en la Palabra para animarnos a la obediencia, entonces ciertamente podemos mantenerlos delante de nosotros en nuestra obediencia. Dios sin duda ha presentado la gloria y el cielo como un motivo para que vivamos en obediencia, como vemos en Ro 8:13: "si vivís conforme a la carne, moriréis; pero si por el Espíritu hacéis morir las obras de la carne, viviréis.» Y de nuevo en 1 Co 15:58: "Así que, hermanos míos amados, estad firmes y constantes, creciendo en la obra del Señor siempre, sabiendo que vuestro trabajo en el Señor no es en vano". Lo mismo encontramos en 2 P 1:5-12, y 3: 14: "por lo cual, oh amados, estando en espera de estas cosas, procurad con diligencia ser hallados por él sin mancha e irreprensibles, en paz". En Gl 6:8-9 también leemos: "porque el que siembra para su carne, de la carne segará corrupción; mas el que siembra para el Espíritu, del Espíritu segará vida eterna. "No nos cansemos, pues, de hacer bien; porque a su tiempo segaremos, si no desmayamos". También en 2 Ti 2:12 leemos: "si sufrimos, también reinaremos con él". Por lo tanto, como

Dios propone todas estas bendiciones como un incentivo a la obediencia, podemos procurar la obediencia con un interés en ellas.

(2) Lo que los santos y el pueblo de Dios han visto en su obediencia, también lo podemos ver nosotros; y es cierto que ellos obedecían con el fin de recibir una recompensa. Leemos de Moisés en Heb 11:25-26: "escogiendo antes ser maltratado con el pueblo de Dios, que gozar de los deleites temporales del pecado, teniendo por mayores riquezas el vituperio de Cristo que los tesoros de los egipcios; porque tenía puesta la mirada en el galardón". Pero se puede decir que Moisés era un hombre bajo la ley y que él no tenía un espíritu en servicio tan libre como los que ahora sirven bajo el evangelio. Pero a esto se puede responder que él era ciertamente un hijo, aunque menor de edad, y que tenía el espíritu libre de gracia, de lo contrario no podría haber tenido gloria. Pablo también elogia este acto de Moisés para mostrar la grandeza de su fe y obediencia, y en este sentido lo expone para nuestra imitación. Además, encontraremos que aquellos que estaban bajo el evangelio y que gozaban de la abundancia del Espíritu libre de Dios, sin embargo, tenían la mira en la misma recompensa por su obediencia. Encontramos que Pablo mismo dice en Flp 3:13-14: "hermanos, yo mismo no pretendo haberlo ya alcanzado; pero una cosa hago: olvidando ciertamente lo que queda atrás, y extendiéndome a lo que está delante, prosigo a la meta, al premio del supremo llamamiento de Dios en Cristo Jesús" (Ver también en Heb 12:1-2).

Así, he expuesto las diversas opiniones y argumentos concernientes a nuestra pregunta. Ahora, para mostrar lo que yo he captado como la verdad en esta controversia, hablaremos de tres asuntos: lo que se entiende por recompensa; lo que se entiende por la mira a la recompensa; y si la mira a la recompensa es de alguna manera una violación de la libertad cristiana.

¿Qué significa la recompensa?

En primer lugar, ¿qué significa recompensa? Se distinguir entre tres tipos de recompensa: temporales, espirituales y eternas. Las recompensas temporales son las misericordias que disfrutamos en esta vida presente, ya sean personales o familiares, y estas a su vez pueden ser positivas o negativas - salud, comodidad, comida, vestido, casa, refugio, riquezas, libertad, liberación, etc. Las recompensas espirituales son las bendiciones que conciernen al alma - justificación, santificación, gracia, aumento de la gracia, victoria sobre la carne, consuelo, paz, alegría y comunión con Dios. Las recompensas eternas, que son las de consideración principal en esta controversia, son la gloria, la vida, la inmortalidad, como el apóstol las nombra en Ro 2:5-7: "pero por tu dureza y por tu corazón no arrepentido, atesoras para ti mismo ira para el día de la ira y de la revelación del justo juicio de Dios, el cual pagará a cada uno conforme a sus obras: vida eterna a los que, perseverando en bien hacer, buscan gloria y honra e inmortalidad". En una palabra, esta recompensa eterna es deleitarnos en Dios, en Cristo y en el Espíritu. Es perfecta la libertad del pecado, la perfecta santidad y la gracia glorificada. Esta es la verdadera recompensa eterna. Con esto basta para cubrir el primer punto.

¿Qué significa la mira a las recompensas?

¿Qué significa, en segundo lugar, la mira a la recompensa? Es la frase que el apóstol usa con respecto a Moisés (Heb 11:26). Debemos explicar lo que esto quiere decir. Hay un significado en tres niveles: el nivel del conocimiento, por el cual un hombre ve y conoce la excelencia de una cosa; el nivel de la fe, por el cual cree la verdad de ella y su interés en ella; y el nivel de la esperanza que trata de la paciencia y de la espera en el disfrute de la promesa. En todos estos aspectos, se puede decir que Moisés puso la mira en la recompensa. Moisés la miró por el conocimiento. Él conocía las cosas que le habían sido puestas. Vio lo que era invisible, como nos dice el siguiente versículo. Y vio que esas recompensas que Dios había dado a su pueblo eran preferibles a los placeres del pecado. También miraba en fe, por lo que fue persuadido de la verdad de la promesa, que tales cosas estaban reservadas para él y que debería poseer esta gloria. Además, miraba esperanza; estaba dispuesto a esperar el deleite de la promesa. Era paciente. En Heb 10:36 leemos: "porque os es necesaria la paciencia, para que, habiendo hecho la voluntad de Dios, obtengáis la promesa".

Por estas razones, Moisés valoró el reproche de Cristo por encima de todos los tesoros de Egipto, porque, dice el texto, tenía la mira en la recompensa. ¿Qué es eso? ¿Vamos a decir que la gloria a la que miraba la debería comprar o disfrutar en base a sus méritos? ¡Absolutamente no! Era porque sabía que la gloria estaba reservada para él, porque creía que debía poseerla y porque la esperaba. Es por eso por lo que despreció las riquezas y los placeres del mundo.

Las palabras del Col 3:23-24 expresan esta verdad: "y todo lo que hagáis, hacedlo de corazón, como para el Señor y no para los hombres; sabiendo que del Señor recibiréis la recompensa de la herencia, porque a Cristo el Señor servís". (Ver también en Heb 10: 34 donde leemos: "porque de los presos también os compadecisteis, y el despojo de vuestros bienes sufristeis con gozo, sabiendo que tenéis en vosotros una mejor y perdurable herencia en los cielos"). Con esto concluimos nuestra examinación del segundo asunto.

¿Es una violación de la libertad cristiana la mira a la recompensa?

Ahora llegamos al tercer punto para la consideración; si cumplir el deber con mira a la recompensa es una violación de la libertad cristiana. Respondo: si miramos el asunto como lo acabo de explicar y consideramos que la mira a la recompensa es saber, creer y tener esperanza en esa gloria que Dios ha prometido al creyente, entonces no es una violación de nuestra libertad cristiana cumplir el deber con mira a la recompensa. Más bien diría que aquí nuestra libertad cristiana consiste en el conocimiento, la fe, la persuasión, la esperanza y la expectativa de la gloria que Dios nos ha reservado. Todas estas cosas obran en conjunto para avivarnos en nuestra obediencia y así liberarnos en nuestra obediencia a Dios.

En resumen, entonces, si estamos dispuestos a aceptar la visión de la recompensa que he esbozado, entonces un hombre puede cumplir el deber con mira a la recompensa. Y de hecho un cristiano debe actuar de esta manera. El deber debe realizarse con el conocimiento, la fe y la persuasión de que Dios nos bendecirá y nunca se apartará de nosotros para hacer el bien. También sabemos que Dios es nuestro Padre y que ha perdonado nuestros pecados. Sabemos que Dios nos glorificará al fin. Con tal conocimiento, debemos obedecer y entregarnos a los caminos de la obediencia, el amor y el servicio de Dios, como dice el apóstol, "y todo lo que hagáis, hacedlo de corazón, como para el Señor y no para los hombres; sabiendo que del Señor recibiréis la recompensa de la herencia, porque a Cristo el Señor servís" (Col 3:23-24). Si, por otro lado, entendemos que la recompensa significa que es un método para obtener misericordias temporales, espirituales y eternas, entonces debo hacer una pausa y trazar bien algunas distinciones.

Con referencia a las bendiciones temporales

Consideraremos el asunto primero con respecto a las bendiciones temporales. Algunos afirman que es correcto que el cristiano cumple el deber a Dios con la mira en recibir de Dios sus misericordias exteriores y los placeres de esta vida presente. Sé que esta opinión es defendida por hombres santos y eruditos, que, en su propio camino, sin embargo, parecen prestar poca atención a la recompensa. Sostienen que Dios ha propuesto estas recompensas como motivos e incentivos para la obediencia, y que los santos los han considerado en su vida de obediencia; por lo tanto, pueden hacer lo mismo. Para despegar toda sospecha del espíritu mercenario, además, suelen distinguir entre los fundamentos y fines supremos y los fundamentos y fines subordinados. Dicen: aunque las cosas de esta vida pueden ser el terreno subordinado y el fin de tal servicio, sin embargo, no deben ser el terreno supremo y final del servicio. Podemos tener la mira en recompensas siempre que sean subordinadas a la gloria de Dios y a nuestro bien y salvación, pero no las podemos colocar en primer plano, como si estuvieran por encima de la gloria de Dios y de nuestra salvación. Estas son las habituales distinciones de precaución presentadas por los que se aferran a esta posición. Respeto los juicios de estos hombres, aunque mi postura puede ser algo diferente, sin embargo, no supongo que sea totalmente contrario a lo que han mantenido.

Ahora, voy a volver a exponer la pregunta, que es, si un hombre puede cumplir el deber y obedecer a Dios con la mira en las cosas buenas temporales que Dios otorga. Concibo, primero, que el hombre en cuestión debe ser un hombre cristiano, o un hombre en Cristo. Si la pregunta se refiere a un hombre carnal, se sobreentiende que dicho hombre no obedece a Dios de acuerdo con los principios correctos ni sobre los fundamentos correctos, ni por los motivos y fines correctos. Podemos decir que toda su obediencia no es sino una obediencia carnal. El hombre tiene principios, fundamentos, y fines carnales en todo lo que hace. De él se puede decir lo que Dios dijo de los judíos cuando ayunaron y oraron, ellos no hicieron esto en absoluto como para Dios - ver Os 7:14 donde leemos: "y no clamaron a mí con su corazón cuando gritaban sobre sus camas; para el trigo y el mosto se congregaron, se rebelaron contra mí". Estos judíos simplemente buscaron bendiciones carnales; el fundamento era el yo y el fin era el yo. No sirvieron a Dios por lo que es en sí mismo, sino de su propio interés y para su propio beneficio. No buscaron a Dios, sino que buscaron lo que a Dios le pertenece, como fue el caso con aquellos que siguieron al Señor porque comieron de los panes y fueron saciados. Hay muchos miles de personas que son movidas, no por ninguna fuente de obediencia interna, sino por estas cuestiones externas. Al igual que con un reloj que se pone en marcha por pesos externos y no puede moverse cuando se les quita, así es con tales hombres. El corazón carnal clama, ¿Quién nos mostrará algún bien? Consideran la piedad sin ganancia, pues no pueden ganar la piedad. Si, en lugar de ganancia, se encuentran con pérdida; si, en lugar de ventaja, se encuentran con persecución; si, en lugar de un buen nombre, se encuentran con reproche por Cristo; entonces inmediatamente desechan la religión y la obediencia. Ellos se hacen cargo de la religión simplemente para servir a sus propios fines, y con fines similares la rechazan. El que servirá a Dios por algo, servirá al diablo por más. Por un aumento de salario, doblarán la rodilla a cualquier amo. Por lo tanto, cuando se menciona "hombre" en la pregunta, yo concibo que es un hombre cristiano, o un hombre en Cristo.

Por la frase "cosas buenas" en la pregunta, entiendo cosas buenas hacia el exterior, aquellas cosas que el mundo considera y estima que son cosas buenas, como riquezas, honor, grandeza, aplausos; al menos, una suficiencia de cosas buenas temporales y externas.

Por "servir a Dios o cumplir con el deber a Dios", como se menciona en la pregunta, entiendo todos los actos de obediencia, no solo la conformidad externa con los requisitos de Dios, sino la sujeción interna a las leyes y los mandamientos de Cristo.

Por "la mira a las cosas buenas temporales", yo concibo que no significa la fabricación de estas cosas ni las principales razones para el servicio, o los fines supremos y primarios y los objetivos del servicio, porque eso sería abominable, pero que significa más bien el tener un respeto al disfrute del bien temporal como una razón subordinada para servir a Dios y un medio de animar y alentar al hombre cristiano. Así, pues, hemos examinado la naturaleza de la consulta. Paso ahora a la respuesta, y espero que en ella recordemos los tres siguientes detalles:

(1) Que el disfrute de las cosas buenas en esta vida no es la base de la obediencia de un hombre cristiano. Las cosas buenas no son el motivo de nuestro servicio a Dios, aunque puedan avivarlo en servicio. No arrancan la rueda, sino que son más bien el aceite a la rueda que la mantiene en movimiento.

Concibo, pues, varios motivos de obediencia cristiana:

(a) Los motivos categóricos. El cristiano obedece porque Dios lo ha ordenado, como lo vemos en Sal 119:4-5: "Tú encargaste Que sean muy guardados tus mandamientos. ¡Ojalá fuesen ordenados mis caminos Para guardar tus estatutos!"

(b) Los motivos potenciadores. El hombre cristiano está habilitado para obedecer debido a su implantación en Cristo. Sin Cristo no puede hacer nada, pero en Cristo es creado para las buenas obras, y puede hacer todas las cosas a través de Cristo que lo fortalece. El hombre cristiano también está habilitado para obedecer por la implantación de Cristo en él, que se conoce como la conformación del alma a Cristo. Es un nuevo hombre. La ley está escrita en su corazón. Estas cosas lo habilitan para obedecer los preceptos de Dios. Su fe lo potencia - por la fe que Abraham obedeció - y su amor lo restringe.

(c) Los motivos incitadores. Estos pueden más bien ser llamados motivos de obediencia. El hombre obedece porque Dios es bueno, y porque Dios es bueno para él. La bondad de Dios es el motivo, y su gracia es la fuerza del hombre cristiano.

(2) También hay consenso, sin duda, de que el disfrute del bien temporal no es el fin inmediato de la obediencia de un cristiano, porque, si es así, el cristiano resulta servil y mercenario en su obediencia, y no obedece en calidad de hijo. En efecto, tales fines pueden ser la marca del hombre carnal, pero no de los piadosos. Los piadosos tienen fines más elevados. Estos fines son demasiado terrenales para el espíritu noble de los santos.

(3) También hay consenso que las cosas buenas temporales no son los principales fines de la obediencia de un cristiano. Sus fines son más elevados. El cristiano tiene un espíritu más noble, un alma más libre, que le permitirá hacer de todo lo que reciba de Dios el fin principal de su obediencia a Dios.

Hasta aquí parece haber consenso. Toda la controversia gira en torno al siguiente punto. Deseo presentar este punto con toda modestia para la consideración de aquellos que no coinciden conmigo.

Debemos considerar si las obras del hombre cristiano ejercidas como deber a Dios pueden tener referencia a las misericordias exteriores que Dios le concede en esta vida, considerando dichas misericordias como un fin subordinado.

Consideremos los siguientes puntos:

(a) Ser obediente al deber por el impulso de una recompensa temporal parece pertenecer a la obra de la ley como ayo. En los tiempos de la ley, el piadoso parecía ser movido a los caminos de obediencia por promesas de bendición temporal, y Dios parecía proponerles promesas de cosas buenas temporales a cambio de la obediencia. Así lo vemos en Dt 29. Ciertamente, el disfrute de estas cosas temporales no fue el único fin de su obediencia, aunque algunos de ellos pudieron haber tenido el espíritu de los saduceos que guardaban la ley y la observaban para que Dios pudiera bendecirlos y para que les pudiera ir bien en esta vida. No era sino un fin subordinado; Dios nunca lo propuso, ni los hombres piadosos lo miraban como el fin principal de su obediencia. Pero Dios trata con ellos como con aquellos en la infancia, como menores de edad. Les guía y les incentiva por tales consideraciones como éstas, porque no tenían la medida y abundancia del Espíritu que ahora ha otorgado a su pueblo bajo el evangelio.

(b) El deber realizado a cambio de una recompensa, incluso como un fin subordinado, parece establecer una regla que Dios debe seguir. Parece limitar a Dios y atentar contra su sabiduría en su trato con nosotros.

(c) También parece proponer lo que Dios no ha propuesto.

(d) Las cosas buenas temporales no son siempre concedidas, y en la medida en que la obediencia depende de ellos, la obediencia se vuelve inútil.

(e) Es difícil tener la mira en la recompensa del bien temporal, y sin embargo servir libremente.

(f) Concibo que es más seguro encontrar argumentos para avivar nuestra obediencia de parte de las misericordias que Dios nos ha concedido, que encontrar argumentos para obedecer de la expectativa de las misericordias otorgadas como la recompensa de nuestra obediencia. Parece mejor decir que no debemos obedecer para que Dios nos dé bendiciones, sino que obedecemos del conocimiento, la fe y la persuasión, para que Dios nos bendiga aquí y para siempre. Es este conocimiento, fe y persuasión que nos aviva para obedecer a Dios.

El apóstol parece expresarse en esta manera en 2 Co 7:1 donde leemos: "así que, amados, puesto que tenemos tales promesas, limpiémonos de toda contaminación de carne y de espíritu, perfeccionando la santidad en el temor de Dios". El argumento aquí es de la misericordia al deber, no del deber a la misericordia. Explica aquí que partimos del disfrute de las promesas para llegar al cumplimiento de la obediencia: por lo tanto, teniendo tales promesas, debemos obedecer. Igualmente, en Col 3:24: "sabiendo que del Señor recibiréis la recompensa de la herencia, porque a Cristo el Señor servís". Aquí el apóstol enfatiza que el deber surge de la persuasión y del conocimiento de los cristianos de que Dios les otorgará con seguridad las bendiciones. Así también, en Heb 10:34 donde leemos: "porque de los presos también os compadecisteis, y el despojo de vuestros bienes sufristeis con gozo, sabiendo que tenéis en vosotros una mejor y perdurable herencia en los cielos". Sin embargo, no voy a tratar en este momento con recompensas eternas, sino con recompensas temporales, y apunto a estas Escrituras para fortalecer lo que dije antes, que es mejor decir que obedezcamos por las misericordias prometidas en lugar de decir que obtenemos misericordias por nuestra obediencia. Es cierto que entre menos buscamos obtener misericordias por nuestra obediencia, más Dios tendrá la mira en nuestra obediencia; entre menos interés tenemos en las recompensas temporales por nuestro servicio, más tendrá Dios en cuenta ese servicio; entre menos consideremos las bendiciones temporales como el fin de nuestro servicio, más valor asignará Dios a ese servicio. De hecho, el disfrute de las cosas exteriores me parece demasiado carnal como principio de acción en la obediencia de un cristiano. El apóstol dice, "no mirando nosotros las cosas que se ven, sino las que no se ven; pues las cosas que se ven son temporales, pero las que no se ven son eternas" (2 Co 4:18).

Pero puede objetarse que Dios ha prometido todas las cosas buenas por la obediencia, como nos dice el apóstol en 1 Ti 4:8 donde leemos: "porque el ejercicio corporal para poco es provechoso, pero la piedad para todo aprovecha, pues tiene promesa de esta vida presente, y de la venidera".

Antes de responder a esta objeción, voy a proponer una cosa e interrogar dos cosas más. Lo que propuse es esto: si no era mejor expresar el asunto diciendo que Dios ha prometido a los obedientes todas las cosas buenas, en lugar de decir que él les ha prometido obediencia. Esto sugiero más especialmente: que las promesas de Dios bajo el pacto de gracia no hacen la obra, sino al obrero; no hacen la acción, sino a la persona que la realiza. Estoy seguro de que nuestros teólogos han trazado esta gran diferencia entre el pacto de obras y el pacto de gracia: que, en el pacto de obras hecha con Adán, la promesa se hizo a la obra, no a la persona; mientras que, en el pacto de gracia, la promesa se hace a la persona, no a la obra.

Mis dos interrogaciones son las siguientes:

(1) ¿Se refiere a una misma cosa lo que el apóstol llama "la promesa de esta vida" y lo que se expresa en la objeción con "cosas buenas"?

(2) Ya sea por "cosas buenas" se entiende aquellas cosas que son buenas a los ojos de los hombres, o aquellas cosas que son buenas en la estimación de Dios. En otras palabras, ¿se entiende por "cosas buenas" aquellas cosas que son buenas en sí mismas o las cosas que Dios en su sabiduría sabe que son buenas para nosotros?

Si las cosas buenas se toman en general e indefinidamente, se concede la primera parte de la objeción; que Dios ha prometido a los obedientes, o a los obedientes en su obediencia, todas las cosas buenas. Leemos esta promesa en Sal 84:11: "porque sol y escudo es Jehová Dios; Gracia y gloria dará Jehová. No quitará el bien a los que andan en integridad". Pero tenemos su pacto en Jer 32:40 donde leemos: "y haré con ellos pacto eterno, que no me volveré atrás de hacerles bien, y pondré mi temor en el corazón de ellos, para que no se aparten de mí". Pero si admitimos que "cosas buenas" solo se refiere a aquellas cosas que son buenas, aquellas cosas que el mundo considera buenas, y no incluye deseos, placeres, plenitud, pobreza y prosperidad entre las "cosas buenas", entonces digo que Dios no ha hecho tal promesa al cristiano, ni podemos realmente interpretar la promesa de esta manera. Si fuera una promesa hecha a condición de la obediencia y la piedad, entonces seguramente los apóstoles mismos habrían sido partícipes en ella. Pero Cristo les dice claramente que "seréis aborrecidos de todos por causa de mi nombre; mas el que persevere hasta el fin, éste será salvo" (Mt 10:18, 22; Lc 12:11; Jn 16:2). Y el apóstol nos dice: "salvo que el Espíritu Santo por todas las ciudades me da testimonio, diciendo que me esperan prisiones y tribulaciones" (Hch 20:23). Añade: "Si en esta vida solamente esperamos en Cristo, somos los más dignos de conmiseración de todos los hombres" (1 Co 15:19). Y son estas cosas que nosotros también debemos esperar, según nos dice el apóstol: "Y también todos los que quieren vivir piadosamente en Cristo Jesús padecerán persecución" (2 Ti 3:12). También, "es necesario que a través de muchas tribulaciones entremos en el reino de Dios" (Hch 14:22). Cristo mismo nos dice que si le vamos a seguir, debemos tomar nuestra cruz diariamente (Lc 9:23). Por lo tanto, si por "la promesa de esta vida" se entiende las cosas buenas de esta vida, y si por las cosas buenas de esta vida se entiende los placeres exteriores, entonces digo, no hay tal promesa hecha aquí a cambio de la obediencia.

Pero se puede afirmar que la Escritura dice: "si sois dispuestos y obedientes, comeréis el bien de la tierra", y por lo tanto se prometen bendiciones temporales a cambio de la obediencia. Respondo: si se admite que los judíos (aunque bajo el pacto de gracia) estaban al mismo tiempo bajo un pacto diferente de nosotros, un pacto subordinado como ya he demostrado, en el cual Dios prometió misericordias exteriores a la obediencia y amenazó aflicciones a los desobedientes, entonces mi respuesta tiene fundamento lógico. David bien podría decir que nunca vio a justo desamparado ni su simiente que mendigue pan, porque las misericordias exteriores eran las condiciones de su obediencia y la parte de Dios en el pacto, y éstas no fallaron a los que obedecieron. Pero lo que fuera entonces, no es así ahora. Los obedientes no comen ahora el bien de la tierra. De hecho, puede ser que estén en mayores problemas y necesidades exteriores, mientras que los que hacen maldad prosperan.

¿Dónde está que Dios ha hecho la promesa del bien temporal ahora bajo el evangelio? Y si es así, ¿por qué no es universal e infalible en su aplicación? ¿Por qué no disfrutan los obedientes, y no solo algunos, sino todos ellos? Porque Dios no hace promesas a personas particulares, sino a todo el cuerpo de Cristo. De hecho, Dios nos dice ahora que los piadosos sufrirán persecución y a través de muchas tribulaciones entrarán en el reino de Dios. Sin embargo, permanece firme que Dios nunca se apartará de nosotros o de hacernos el bien. Nunca nos dejará ni nos abandonará. En bendición nos bendecirá. Todas las cosas obran a bien para los que aman a Dios. Es una verdad firme e inconmovible para todos los santos. El cielo y la tierra pasarán antes que una jota o una tilde de esta promesa fracase.

Pero se puede plantear otra objeción. Si las bendiciones no se prometen en base a la obediencia, y si Dios no recompensa la obediencia, entonces por la regla de los contrarios, los castigos no son amenazados contra el pecado ni castiga Dios por el pecado. Respondo: Dios puede castigar el pecado y no recompensar la obediencia. En nuestra obediencia, aunque fuera perfecta, hacemos lo que debemos hacer, como nos sugiere Cristo en Lc 17:10 donde leemos: "así también vosotros, cuando hayáis hecho todo lo que os ha sido ordenado, decid: Siervos inútiles somos, pues lo que debíamos hacer, hicimos". Pero cuando pecamos hacemos lo que no debemos hacer; y por lo tanto Dios castiga el pecado y sin embargo no recompensa la obediencia. El castigo de nuestro pecado no es más que el justo demérito de nuestro mal; pero la recompensa de nuestra obediencia es el resultado de la misericordia de Dios. El apóstol nos dice esto cuando dice: "porque la paga del pecado es muerte, mas la dádiva de Dios es vida eterna en Cristo Jesús Señor nuestro" (Ro 6:23). El hombre puede provocar a Dios a mostrar su justicia, pero no puede tentarle para mostrar misericordia. Nuestros pecados conmueven su justicia, pero es su propio corazón que se conmueve al mostrarnos su misericordia. Podemos hacer que Dios nos maldiga, pero no podemos hacer que nos salve. Por lo tanto, parece que, aunque las dos partes del argumento tomadas por separado pueden concederse, sin embargo, la conclusión que extraída de su vinculación está abierta a la excepción justa.

Pero otra vez se concede que las bendiciones se prometen a cambio de la obediencia y que los castigos se amenazan a cambio del pecado. ¿Pero pensaremos que solo las cosas buenas temporales y externas constituyen bendiciones? ¿No pueden las pérdidas ser de bendición, así como los placeres? Y ¿no pueden ser castigos los placeres, cuando las pérdidas son bendiciones? Ciertamente puede ser así. Puede ser así en la intención de Dios, aunque no lo es en nuestra aprehensión. Y para decir verdad, nada está en nuestra contra sino lo que es un obstáculo para nuestra felicidad eterna y nada es a nuestro favor sino lo que es ventajoso para ella.

Una vez más: se concede que Dios recompensa la obediencia y castiga el pecado. Pero una cosa es que Dios recompense la obediencia y otra cosa que el hombre obedezca con la mira en la recompensa. Se concede que la recompensa es el resultado de las obras, pero se discute si la recompensa debe ser el fin que el obrero tiene en la mira. Y aunque Dios recompense la obediencia y castigue el pecado, sin embargo, así como no evitamos el pecado debido al castigo temporal, asimismo no desempeñamos el deber por el bien de la recompensa. Digo "recompensa" en el sentido de los placeres temporales. No estoy dispuesto a introducir nada como motivo para la obediencia de un hombre piadoso que es inadecuado y las recompensas temporales parecen ser tales. No se conforman al espíritu que subyace el servicio del hombre piadoso y tienen la naturaleza de la incertidumbre porque no tenemos ninguna promesa absoluta de ellos. Si hay tal promesa, ¿por qué no es universal e infalible? Con esto basta para responder a la primera parte de la objeción.

Ahora llegamos a la segunda parte, que se desprende de la primera: ¿si Dios ha prometido todas las cosas buenas a cambio de la obediencia, entonces podemos obedecer con el fin de disfrutar de ellas? Respondo a modo de negación de esta consecuencia, porque, aunque se admita que Dios ha prometido todas las cosas buenas (las "cosas buenas" que se interpretarán como antes) por la obediencia, sin embargo, no se desprende de allí que los piadosos obedecen a Dios con el fin de disfrutar de ellos. Incluso si concedemos que el apóstol, donde habla de "piedad" (como provechoso para esta vida) quiere decir "obediencia", o piedad en la práctica, y por "las cosas de esta vida" quiere decir "todas las cosas buenas", no quiere decir que obedecemos con el fin de que la promesa se cumpla. Más bien, teniendo esta promesa, debemos ser avivados para obedecer. Ciertamente, el razonamiento del apóstol es el mejor razonamiento; y así lo explica: "así que, amados, puesto que tenemos tales promesas, limpiémonos de toda contaminación de carne y de espíritu, perfeccionando la santidad en el temor de Dios" (2 Co 7:1). Los piadosos no obedecen para tales promesas; sino que obedecen por el hecho de que tienen tales promesas. Que no se piense que yo alejaría al creyente de la obediencia, o quitaría un incentivo para la obediencia, o hablaría en contra de lo que lo aviva para obedecer. Pero esto digo, que la promesa de cosas buenas temporales, como riquezas y prosperidad, no pertenece al creyente bajo el evangelio; en su lugar tenemos misericordia y bendición. Además, concibo que es una ventaja mucho mayor para la obediencia, y un estímulo y un incentivo mucho mayor para la obediencia, considerar que la promesa ya es nuestra y no que obedezcamos para que podamos tener la promesa. (Y en 2 Co 7:1 el apóstol habla de "las promesas"), ¡Cuánto más debemos obedecer!

A la objeción adicional de que, aunque no debemos obedecer para tener la promesa, sino que debemos obedecer con vistas a recibir las cosas buenas incluidas en la promesa, respondo así:

Las cosas de esta vida no son parte de la obra de un alma de gracia. Son demasiadas bajas para conmover a un cristiano. En el mejor de los casos, no son más que aceite a la rueda, y el aceite no es la fuente de movimiento, sino simplemente una ayuda en movimiento. Las cosas de este mundo no pueden ser ni la razón ni el objeto de la obediencia de un corazón afectado por la gracia. No nos motivan a obrar ni nos mantienen obrando. El deleite que nos provocan puede avivarnos para obrar, pero eso es todo. "La lámpara del cuerpo es el ojo; así que, si tu ojo es bueno, todo tu cuerpo estará lleno de luz" (Mt 6:22). Lo contrario, además, es cierto. Si el ojo es doble, si nuestros objetivos y fines toman el lugar de Dios, el hombre en su totalidad permanece en tinieblas. En resumen, cuanto menos interés tengamos en las bendiciones temporales por nuestra obediencia, más libre y noble será esa obediencia. Es como se dice del deseo: "el que desea algo por otro motivo, no desea sino el motivo". Así es con el que obedece en la esperanza y la expectativa de recibir bendiciones: o no obedecería, o no obedecería tan alegremente, si no hubiera cosas tan buenas recibidas por recompensa.

Pero algunos dicen que los piadosos pueden orar por bendiciones externas y, por lo tanto, pueden cumplir con su deber. Respondo: no es así. Los requisitos de nuestro deber y los motivos de su cumplimiento son asuntos diferentes. Concedemos que las cosas externas puedan solicitarse en nuestras oraciones, pero no constituyen la base de nuestra oración. Además, debemos distinguir entre lo que es el verdadero motivo de la vida cristiana y lo que puede constituir el motivo y el fin de un deber particular. El motivo y fin de un deber particular puede ser impulsado por la esperanza del bien externo y terrenal. Así podremos ir legalmente a la oración para este fin, para dar a conocer al Señor nuestras necesidades temporales. Nuestros deseos actuales pueden ser el motivo principal y particular para cumplir un deber en particular en un momento determinado. Pero ninguna esperanza de bendición mundana y externa puede ser la bisagra en torno a la cual se mueve todo el marco de nuestra vida cristiana. Las bendiciones externas pueden ser la base de obras particulares, pero no la fuente principal de todas nuestras obras. Pueden ser el fin particular de un deber particular, pero no el fin general de todo el curso de nuestra obediencia.

Con esto basta para responder a la primera rama de nuestra pregunta: ¿puede el hombre obedecer a Dios en aras de su concesión misericordias externas aquí y ahora? En una palabra, parece más consistente con el evangelio, y con el marco de un alma cristiana, decir que debemos obedecer a Dios en base al conocimiento, la creencia, y la persuasión de que Dios nos bendecirá y que no nos ocultará nada bueno, que decir que debemos obedecer a Dios para que podamos ganar cosas buenas temporales a cambio de la obediencia. No seguiré discurriendo sobre este asunto. Si, en lo que he escrito, he diferido de los demás, no es por falta de respeto a otros cuyas sentencias respeto y espero que me disculpen si me he disentido de sus opiniones por motivos razonables.

Con referencia a los beneficios espirituales

Ahora procedemos a la segunda rama principal de la consulta propuesta: ¿debemos cumplir nuestros deberes en aras de la obtención de cosas buenas espirituales? Algunas personas dicen que no debemos asignar motivo alguno a la realización del deber. No solo excluyen los fines básicos, los propósitos carnales y las ventajas seculares, sino que también excluyen los fines más altos y nobles. Nos dicen claramente que no debemos humillarnos, ayunar, y orar, con el fin de prevenir algún mal o de adquirir algún bien. De hecho, van aún más lejos y dicen que no debemos hacer el deber en aras de obtener cualquier bien espiritual, como el perdón, la paz, la alegría, la seguridad, la luz del semblante de Dios, la sumisión de las lujurias, y todo lo demás. Dicho esto, tales hombres proponen una opinión irracional (pues si se remueve el fin que toda criatura razonable se propone a sí mismo en sus acciones, se lleva al hombre al nivel de las bestias). Sin embargo, esos hombres, que pueden parecer razonables en su paradoja, nos dan dos motivos para ello:

(1) Nos dicen que no debemos pensar que podemos, por nuestras oraciones y deberes, comprar lo que Cristo ya nos ha comprado. Cristo, dicen, ha comprado completamente todo lo que necesitamos - perdón, paz, alegría, y todo bien. Por lo tanto, no se requiere más.

(2) Nos dicen además que todas las bendiciones espirituales están suficientemente provistas para nosotros en Cristo, y que Dios ha decretado todas las cosas buenas para nosotros en Cristo. Por lo tanto, no debemos pensar que podemos conseguirlas con nuestras oraciones.

Estas son las dos razones por las cuales (si me dan licencia para decirlo sin ofender) esta opinión irrazonable y destructiva parece ser fundada.

Ciertamente no necesito decir mucho en contra de esta opinión, porque si se repite dos veces, será lo mismo que refutarla. De hecho, si esta opinión es una verdad, necesitaríamos otra Biblia para tolerarla. ¿Qué leemos con más frecuencia que esto? "E invócame en el día de la angustia; Te libraré, y tú me honrarás" (Sal 50:15); "pedid, y se os dará; buscad y hallaréis; llamad, y se os abrirá' (Lc 11:9)? ¿No desea el apóstol que oren por él? Y ¿con qué fin? Él les dice que oren "por mí, a fin de que al abrir mi boca me sea dada palabra para dar a conocer con denuedo el misterio del evangelio" (Ef 6:19). ¿No pide a otra iglesia que ore para que sea liberado de hombres irrazonables y malvados? (2 Ts 3:2). ¿No nos dice Santiago que, si estamos enfermos, llamemos a los ancianos de la iglesia? Y ¿por qué? Para orar por nosotros. Y ¿por qué orar? ¡Para que podamos ser sanados! "Orad unos por otros, para que seáis sanados" (Santiago 5:16).

Pero esta disputa ya me ha enfadado. En casi todos los lugares de la Escritura donde se ordena un deber, hay un fin propuesto. Y ¿qué puede ser más destructivo para la gracia y la razón que tal opinión? No sería más absurdo razonar que no debemos comer para satisfacer el hambre, beber para satisfacer la sed, alimentarse para nutrirnos, sino que debemos alimentarnos del mero instinto, como lo hacen las bestias, no de motivos razonables como hombres. ¿Pero qué? ¿Debemos hacer el deber sin razón alguna? ¿No podemos confesar el pecado para que podamos ser humillados y hechos sensibles a él? ¿No podemos escuchar la Palabra para que nuestro entendimiento se mejore, nuestros afectos se aceleren, y nuestra fe se fortalezca? Sin duda, los objetores plantean estos fines en su propia predicación, de lo contrario, ¿por qué se esfuerzan tanto para persuadir (no digo convencer) a los hombres de que están en error? Y ¿no podemos usar ordenanzas para el aumento de nuestras gracias, y para la disminución y debilitamiento de nuestras corrupciones? Y ¿no podemos hacer obras de caridad para refrescar a los pobres? ¿No podemos aliviar a aquellos que están en las extremidades? Y ¿no son estos fines? Y ¿no es lo mismo con otros deberes?

Pero si todo esto se niega, coincidimos, espero yo, en que podamos cumplir el deber y andar en los caminos de la obediencia, adornar nuestra profesión, dignificar el evangelio, glorificar a Dios, beneficiar a los santos, y ganar a otros. Y ¿no son estos fines? ¿No fueron estos comprados por Cristo y proporcionados por Dios? Seguramente que, si bien nosotros tenemos necesidad de Dios, Dios no tiene necesidad de nosotros. Su gloria, su evangelio, su causa no depende de nosotros. Dios podría avanzar todas estas cosas sin nosotros. Y, por lo tanto, esta postura minimiza a los hombres, a Dios, a la razón y a las Escrituras.

Pero, sin embargo, para que el argumento no quede sin respuesta, les diré una palabra más. Es este: aunque Cristo ha comprado todas las cosas buenas para nosotros, sin embargo, agradó a Dios que las concediera a través de nuestra búsqueda. Vemos esto en Ez 36:37 (que sigue a las promesas más libres y absolutas): "aún seré solicitado por la casa de Israel, para hacerles esto". Dios prometió otorgar las bendiciones, y prometió conceder a todos libremente sin ningún respeto a lo que el hombre se merezca, como dice en el versículo 32: "no por tus seres, yo lo sé, dice el Señor Dios, sé que te es conocido". ¡Absolutamente no! Fue por su propio Nombre. Y, sin embargo, les dice en las palabras que acabo de citar: "aún seré solicitado por la casa de Israel, para hacerles esto". Todo esto demuestra claramente que, aunque Dios había prometido, y prometido libremente, otorgarles estas cosas, sin embargo, se las concedería solo en la medida que ellos las buscaran.

Decimos una vez más que, aunque Dios otorgará cosas buenas al creer y orar, sin embargo, nuestras oraciones no ameritan estas cosas, sino que provienen de la misericordia de Dios. Y hago la siguiente pregunta: ¿si alguna vez se ha escuchado a algún ministro concienzudo del evangelio decir que la oración sea la causa meritoria de cualquier misericordia? ¿Alguna vez ha dicho que el deber llegó como una causa influyente para la concesión de la misericordia? ¿No es el caso que el deber y la oración siempre se han mostrado como un medio subordinado, no como la causa inmediata, de la misericordia de Dios? Cuando Dios tiene el propósito de otorgar misericordias, agita el corazón para buscar, y esta agitación del corazón de buscar es una evidencia de que el propósito de Dios es de otorgarlas. A Dios le encanta otorgar su misericordia agitando nuestros corazones a buscarle, para que así podamos ser animados a venir a él y consideremos nuestras bendiciones como los frutos de la oración y el cumplimiento por parte de Dios.

Pero tal vez se pueda decir: si estas bendiciones son prometidas libremente, ¿por qué hay una condición vinculada a su otorgamiento? Respondo: Hay quienes dicen que, aunque las promesas de Dios son libres en cuanto a su realización, son condicionales en cuanto a su desempeño. Aunque se hacen de pura misericordia, Dios las cumple en relación con el desempeño de nuestro deber servil. Si no hacemos más que añadir a esto la condición o el deber servil como requisito para el cumplimiento de la promesa, no veo cómo esta declaración en modo alguno le reste a la libre gracia de Dios en la realización o en el cumplimiento de la promesa.

Por ejemplo: Dios nos dice que él le dará de beber al sediento (Ap 21:6). Aquí está una condición o calificación. Sin embargo, esto no le resta libertad de su gracia. A pesar de la calificación, Dios nos dice que dará de beber al sediento y ¿qué puede ser más libre que un regalo? Como se ha dicho, Dios da la gracia de desear y la gracia deseada. El 'regalo' implica la libertad de la gracia. Pero algunos todavía pueden objetar y decir que no puede ser un regalo si Dios requiere sed. Esta calificación, dicen, implica que no es un don de gracia. Pero Dios se ha complacido en añadir a la antigua palabra "regalo" esta otra palabra "gratuitamente". "Al que tuviere sed, yo le daré gratuitamente de la fuente del agua de la vida". Por lo tanto, queda claro que la gracia se encuentra aquí en toda su plenitud. Lo que Dios requiere como subordinado a la promesa no proviene de nuestro mérito; no es algo que compramos, sino que es algo que Dios entrega en nuestras manos. Dios se ha comprometido por pacto, no solo en dar la promesa, sino en dar también lo que se requiere como necesario y subordinado a la promesa. Si hubiera habido algo necesario que fuera de nuestra existencia y que no fuera primero del todo un otorgamiento de Dios, habría sido contrario a la gracia y habría alterado la naturaleza de la cosa. Habría hecho que fuera del hombre lo que es un regalo de Dios, aunque nuestro esfuerzo no está en proporción con lo que Dios nos otorga. Si se nos requiere un centavo para la compra de un reino, aunque esto queda infinitamente por debajo del verdadero valor del reino, sin embargo, la transacción altera la naturaleza de la cosa, y hace que un regalo se convierta en una venta. Así es aquí. Si alguna cosa se requiere de nosotros que no sea otorgada por Dios, aunque la cosa requerida de nosotros fuere de lo más pequeña, sin embargo, se alteraría la naturaleza del don y haría que la gracia no fuera gracia. Pero cuando todo es verdaderamente otorgado por Dios, la naturaleza del don permanece, y no hay violación de la libertad de la gracia. Si Dios requiere fe en un hombre para cumplir la promesa, y le da esta fe, ciertamente no ha prejuiciado así la gracia. El profeta Isaías dice: "y se dirá de mí: Ciertamente en Jehová está la justicia y la fuerza; a él vendrán, y todos los que contra él se enardecen serán avergonzados" (45:24) - justicia para aquellos que creen en él, y fuerza para permitirles venir a él. Como el mar envía aguas para atraernos, Dios envía su fuerza para llevarnos a sí mismo. Y así, todo es de gracia. No puede ser de ninguna manera gracia, si no es en toda gracia verdadera.

Y si las promesas de gracia, aunque absolutas y libres en sí mismas, son condicionales respecto a su cumplimiento, mucho más puedo decir esto de las promesas de consuelo, paz y alegría. Si esto se reconociera, los hombres ciertamente no darían de cabeza con esta pared, que un creyente inmediatamente después de pecar puede tomar consuelo y escuchar a Dios hablando paz en la promesa. Se dice que puede entonces escuchar todo el lenguaje de gracia del cielo, como si no hubiera pecado. Es el fracaso de los hombres ver que, de cierta manera, las promesas son condicionales, que inevitablemente llevan a los hombres a estallar contra la pared. Sin embargo, digo y repito que estas promesas son condicionales en cuanto a su cumplimiento, sea cual sea su propia naturaleza. Es por esta razón que realizamos obras como un medio subordinado de la realización de su cumplimiento. No es que al realizar obras causemos su cumplimiento, que hay alguna influencia causal que lleve al cumplimiento, sino que las obras son el medio subordinado para obtener las cosas que Dios ha prometido libremente. Dios ha prometido estas cosas a su pueblo, y esta es la manera en que las cumplirá, como nos dice: "saliste al encuentro del que con alegría hacía justicia, de los que se acordaban de ti en tus caminos; he aquí, tú te enojaste porque pecamos; en los pecados hemos perseverado por largo tiempo; ¿podremos acaso ser salvos?" (Is 64:5). Y otra vez: "el que sacrifica alabanza me honrará; Y al que ordenare su camino, Le mostraré la salvación de Dios" (Sal 50:23). Y de nuevo: "y a todos los que anden conforme a esta regla, paz y misericordia sea a ellos, y al Israel de Dios" (Gl 6:16). Así vemos que la manera en que Dios realiza estas promesas es por medio del deber y la obediencia. Y, por lo tanto, podemos cumplir con nuestro deber para gozar del cumplimiento de las promesas.

Pero hay otra objeción que hay que responder. Algunos hombres dirán que lo que es fruto de la gracia y de la justificación no puede ser una condición que preceda a la gracia y a la justificación; pero cumplir el deber de manera aceptable es una consecuencia de nuestra justificación y de la obra de la gracia en nosotros; por lo tanto, no se puede decir que sea una condición precedente.

Todos nuestros escritores santos y eruditos, hablando en contra de los papistas en sus tratados contra la justificación por obras, están de acuerdo en que el cumplimiento aceptable del deber por los piadosos es el fruto de su justificación. Por ejemplo, San Agustín dice: "las buenas obras proceden de la justificación; no preceden a la justificación"; y de nuevo dice: "en la medida que veamos buenas obras realizadas por los hombres, vemos la fe labrada en los hombres". Entre otros argumentos en contra de los papistas, aparece esta: si somos justificados antes de que podamos obrar, entonces no somos justificados por nuestras obras. Pero somos justificados; por lo tanto, no podemos ser justificados por nuestras obras. Que somos justificados antes de que podamos obrar, la Escritura lo establece claramente. Nos dice que sin Cristo no podemos hacer nada, y que "somos hechura suya, creados en Cristo Jesús para buenas obras, las cuales Dios preparó de antemano para que anduviésemos en ellas" (Ef 2:10): En nosotros mismos somos hombres muertos. Toda nuestra vida es de Cristo, y no podemos tener la vida de Cristo hasta que tengamos unión con él; Porque "el que tiene al Hijo, tiene la vida; el que no tiene al Hijo de Dios no tiene la vida" (1 Jn 5:12). Y tan pronto como hay vida y unión hay justificación, porque el don de la vida y la justificación son simultáneas, aunque en orden de la naturaleza uno puede ser concebido antes que el otro. Se ha dicho con razón: "obramos a partir la justificación, no para la justificación".

Sin embargo, se dice que, si este argumento es cierto, que por lo tanto nos oponemos a las enseñanzas de los papistas, que no necesitamos obrar para ser justificados, sino que debemos ser justificados para obrar, entonces no se puede decir que el desempeño de los deberes sea la condición previa para recibir bendiciones, ya que las bendiciones son los frutos subsiguientes de la gracia y la justificación. Así que he planteado esta objeción a la mayor altura que puedo, y la he presentado en la mejor luz. Y en esta altura pensé que la había respondido. Pero me parece que conduce a muchas preguntas intrincadas que son más aptas para la discusión en un tratado separado. Pero si mentes mejores y más capaces no lo traten (es mi deseo sincero que puedan hacerlo), entonces posiblemente Dios me pueda dar la oportunidad, uno que es el más indigno de aquellos que obran en el evangelio, de hablar un poco sobre el tema. Mientras tanto, voy a proponer tan solo algunas ideas para una consideración seria y exhaustiva:

En primer lugar, ¿no es posible que las condiciones de bendición que se han considerado sean ambas condiciones que preceden a la bendición y también los frutos subsiguientes de la gracia? Esto aparecerá especialmente si los vemos como condiciones del otorgamiento de Dios antes de que algo de nosotros entre en ellos para hacer que parezcan ser calificaciones para la gracia. ¿no pueden ser calificaciones que recibimos de la gracia, y de hecho de la gracia en sí mismos, presuponiendo la existencia de la fe?

En segundo lugar, debemos preguntar si es posible hacer distinciones buenas y seguras entre las calificaciones en o por las cuales un alma viene a Cristo (es decir, un sentido de necesidad, hambre y sed, y pobreza espiritual: Mt 11:28 y 5:3-6) y la calificación, es decir, la fe, que realmente trae el alma a Cristo. Y ¿es posible llamar al primero las calificaciones *para* la gracia, y al segundo las calificaciones *de* la gracia, sobre todo si se admite que estas calificaciones para la gracia no son del hombre, aunque están en el hombre?

En tercer lugar, preguntemos si no hay algunas obras en

preparación para la gracia que se pueda decir que son *del* Espíritu, pero que aún no *en* el Espíritu; es decir, que proceden del Espíritu de santificación, y sin embargo no son del Espíritu santificador: así como la luz de la mañana proviene del sol, pero sin el sol.

En cuarto lugar, debemos preguntar si es cierto que Cristo no viene a nosotros antes de que tome residencia en nosotros. ¿Tenemos algún tipo de vida de Cristo antes de que vengamos a vivir en Cristo o de que Cristo venga a vivir en nosotros?

En quinto lugar, deberíamos preguntar si podemos establecer distinciones racionales entre los preparativos activos y pasivos para recibir la vida en Cristo. ¿Podemos entender con razón como preparativos "pasivos" el vaciarnos del pecado y de nuestro orgullo por el Espíritu de Dios? Y ¿cómo preparativos "activos" el engendrar en nosotros deseos sedientos de Cristo por el mismo Espíritu? Y ¿ambos tipos de preparación presuponen la existencia de la fe y de Cristo en el alma? ¿Ha entrado Cristo en el alma, cuando la luz entra en un cuarto oscuro, disipando en lugar de expulsar la oscuridad, expulsando la oscuridad por su entrada en lugar de expulsar la oscuridad antes de que entre?

En sexto lugar, también debemos considerar si ciertos hombres de erudición, al hablar de la recepción pasiva y activa de Cristo por el alma, han hecho así una distinción acertada; también si en un caso el alma recibe a Cristo como un hombre muerto recibe la vida, en el otro, como un hombre vivo recibe la comida; también si el uno puede ser llamado el interés del alma en Cristo y el otro la manifestación de ese interés. Si estas cosas son así, se puede considerar además si muchas de esas cosas que se dice que son preparativos para la recepción de Cristo por el alma no presuponen en realidad que Cristo ya está en nosotros, y no precedan el interés del alma en él, aunque sí preceden a la manifestación de ese interés.

Séptimo, hay que considerar si el orden de la obra de Dios no puede diferir de lo que es nuestro orden de predicación, y si nosotros no deberíamos hacer uso de la distinción entre los métodos ordinarios de Dios y sus métodos extraordinarios de obrar en el corazón y en la vida de los hombres.

En octavo lugar, es digno de consideración si, por la misma razón que todos los preparativos (la obra precedente y los actos de Dios en el alma del hombre, por ejemplo, la convicción del pecado y la revelación de Cristo) que conducen a la justificación son negados, el hecho de que la fe misma precede a la justificación también puede ser negado. Porque si es así, entonces ciertamente tanto la *fe* como la *justificación* tendrán que ser entendidas en un sentido distinto al que la Escritura parece darles y que el uso prolongado los ha concedido.

Por lo tanto, también valdría la pena pensar en la determinación de la verdadera naturaleza de la fe y la justificación, y también preguntarnos cuál es la naturaleza de la fe. ¿Es la fe realmente el instrumento de la justificación, o solo la evidencia de que estamos justificados? ¿La fe realmente nos da un interés en Cristo, o simplemente nos da la manifestación de que tenemos tal interés? Algunas otras preguntas nos ayudarán en esta investigación, como, por ejemplo, si la fe que justifica al hombre es un acto de reclinación, es decir, un descanso en Cristo por el interés del alma, o si es más bien una persuasión y la seguridad de que el alma ya tiene un interés en él. Ciertas Escrituras que hablan del tema deben ser bien sopesadas, principalmente Ro 3:28: "concluimos, pues, que el hombre es justificado por fe sin las obras de la ley" y Ro 5:1: "justificados, pues, por la fe, tenemos paz para con Dios por medio de nuestro Señor Jesucristo".

En cuanto a la justificación misma, tales consideraciones demostrarían si es un acto de Dios totalmente externo a la persona justificada, o si es un acto inmanente; si es un acto de Dios en el tiempo, o si lo que se hace en el tiempo es inadecuadamente llamado justificación, pero es meramente la manifestación a un hombre de lo que Dios ha hecho por él desde toda la eternidad. En cuanto a los que se inclinan por esta opinión, deben investigar si, para la aclaración de esta verdad, no se puede admitir que se debe hacer una distinción entre las diversas etapas de la justificación. Así podemos decir que estamos justificados en el decreto de Dios, en cuyo sentido estamos justificados desde la eternidad. Una vez más, estamos justificados meritoriamente en la muerte de Cristo que estableció su muerte como el precio total para el pago de nuestra deuda. Una vez más, se puede decir que estamos realmente justificados cuando llegamos a creer. Y una vez más, estamos justificados en el tribunal de nuestra propia conciencia, y por lo tanto justificados a nosotros mismos, cuando llegamos a la seguridad. Y hay una etapa más: estamos perfectamente justificados cuando somos glorificados, es decir, cuando Cristo presentará a su cónyuge sin mancha, o arruga, o cualquier cosa, cuando la iglesia sea justa y sin mancha o pecado. Si estas cosas no son admitidas, el orden observado en la Escritura parecerá ser invertido, e intercambiamos la voluntad revelada de Dios por la voluntad secreta de Dios. Y de acuerdo con esta opinión, un hombre puede ser realmente justificado aun cuando está realmente bajo el poder, el Reino, y la rabia de Satanás y el pecado.

Estas cosas las he presentado con la sugerencia de que necesitan mayor consideración. Fue por tales consideraciones que tenía la intención de responder a las diversas objeciones a mi doctrina. Pero encuentro que exigen (como ya he intimidado) un tratado separado de mí, a menos que mejores manos que las mías (como yo lo deseo) se involucren en el trabajo.

Por el presente, no digo más que esto: que esas disposiciones y calificaciones que son requisitos previos para bendecir, de ninguna manera roban la gracia de Dios de su libertad, porque ellos mismos son los resultados de su gracia. Son de Dios, no de nuestros méritos; no se los presentamos a Dios, sino que Dios los entrega a nosotros. Decimos que no se requiere ninguna cualificación por parte del hombre, aunque hay algo que Dios requiere por parte del hombre. ¿Los que niegan la necesidad de los preparativos en el corazón del hombre para recibir a Cristo también niegan la necesidad de los medios de gracia a aquellos que aún no han sido atraídos a Cristo?

Si los preparativos en el corazón del hombre no son necesarios, entonces los medios de gracia tampoco son necesarios. Pero los medios de gracia son necesarios. Se dice que la fe viene por el oír (Ro 10:17), y si los medios no son necesarios, entonces los hombres pueden creer y ser justificados antes de que hayan oído hablar de Cristo. Sin embargo, sé que esta consecuencia del error será negada.

Consideremos lo siguiente: si por medio de la gracia Dios prepara el alma para venir a Cristo, entonces quita la necesidad de los preparativos para venir a Cristo, y quita la necesidad de los medios de la gracia. Pero es cierto que, por medio de la gracia, Dios prepara a los hombres para venir a Cristo. Por estos medios de gracia Dios revela a los hombres su estado de miseria; a través de ellos les hace ver su pecaminosidad y su necesidad de Cristo. En ellos muestra cómo Cristo y las promesas satisfacen sus necesidades, y enciende en sus almas un deseo y una sed de él, un ferviente anhelo por él.

Esta es para ellos la mañana de la gracia, los albores de la fe y de la conversión, y como tales son los presagios de Cristo.

Se dice de Juan el Bautista, que era el PRODROMUS (precursor o presagio) de Cristo, tanto de su venida al mundo como también al corazón, que él debía preparar un pueblo para el Señor (Lc 1:17). ¿Cómo hizo esto sino por su ministerio? Cristo tendrá a alguien que vaya delante de él para preparar su entrada. Se dice de los setenta discípulos que Cristo envió a predicar, que los envió a cada ciudad y lugar donde él mismo iría. Y por qué los envió por delante de él, sino para preparar los corazones de los hombres para la recepción de Cristo cuando el enviado viniera realmente a ellos. Esto se ve en el texto del que dio a los setenta para predicar: "en cualquier ciudad donde entréis, y os reciban, comed lo que os pongan delante; y sanad a los enfermos que en ella haya, y decidles: Se ha acercado a vosotros el reino de Dios" (Lc 10:9). Es con Cristo en su entrada al alma como lo es con la llegada de un príncipe. El príncipe tiene sus presagios que van delante de él, su corte y sus asistentes, o tales como sus seguidores que vienen después de él. Es así con Cristo. Los presagios de Cristo son esos trabajos preparativos - la convicción del pecado, el oído de Cristo y las promesas, los anhelos serios, la sed y la búsqueda de él. La corte de Cristo consiste en todas las gracias de su Espíritu que él obra en su primera entrada al alma. Y sus asistentes o seguidores son la paz que pasa todo entendimiento (Flp 4:7), y la alegría que es indecible y gloriosa en el Espíritu Santo (1 P 1:8). Es posible que Cristo entre en la casa antes que sus seguidores. Puede haber fe sin seguridad y gracia sin gozo. No puede haber gozo verdadero sin gracia, pero puede haber gracia verdadera sin gozo.

Pero no voy a seguir más con este tema. Esto debe ser suficiente para la segunda rama de esta pregunta.

Con referencia a las recompensas eternas

La tercera y última pregunta reza así: ¿Podemos obedecer y cumplir nuestro deber delante de Dios con mira a las recompensas eternas? Los que niegan esto, lo hacen por dos razones. Algunos dicen que Cristo ha comprado, y Dios ha provisto completamente el cielo y la gloria para nosotros. Por lo tanto, no debemos obedecer con la mira en ellos.

Estoy de acuerdo en que no debemos mirar las recompensas eternas como si las ameritásemos con nuestra obediencia, pero sí podemos considerar nuestra posesión de ellas en nuestra obediencia. Podemos tener la mira en el disfrute de ellos en nuestra obediencia, aunque no en la obtención de ellos por nuestra obediencia. Tener la mira en nuestro disfrute de las recompensas en nuestra obediencia es una cosa, y tener la mira en la obtención de la recompensa por nuestra obediencia es otra. Ciertamente, aquellos que predican obediencia y santidad no los predican como la causa, sino como el camino. Nos hablan de su necesidad, no en relación con las reivindicaciones de la justicia, sino en relación con la exigencia de Dios de que seamos "aptos para participar de la herencia de los santos en luz" (Col 1:12). Como dice Bernardo de Claraval: "las buenas obras son el camino a la recompensa, no la causa de la recompensa".

Las buenas obras son necesarias, no en relación con la causalidad, sino en relación con el orden, los medios y la ordenación de Dios. "Nos llamó por su gloria y excelencia", dice el apóstol (2 P 1:3) - a la excelencia como preparación, a la gloria como fruto. Con respecto a los requisitos de Dios aquí y ahora, decimos que las obras de justicia y santidad deben estar próximas, porque ciertamente Dios no hace nada bueno de aquí en adelante sino a aquellos a quienes hace santos aquí y ahora. "Porque sol y escudo es Jehová Dios; Gracia y gloria dará Jehová. No quitará el bien a los que andan en integridad" (Sal 84:11). Él trae el cielo al alma antes de llevar el alma al cielo.

Pero si se afirma que las buenas obras son para satisfacer la justicia y para ganar el cielo y la gloria por nosotros, lo negaremos rotundamente y diremos con el apóstol: "nos salvó, no por obras de justicia que nosotros hubiéramos hecho, sino por su misericordia, por el lavamiento de la regeneración y por la renovación en el Espíritu Santo" (Tit 3:5). Que este dicho esté siempre en tus oídos: haz toda justicia, pero aprende a descansar en ninguno; estar en el deber con la mira en el desempeño, pero fuera del deber y en Cristo con la mira en la dependencia. Esto bastará para responder a quienes niegan el deber con respecto a la recompensa por la primera.

Hay otras personas que niegan que debemos tener la mira en las recompensas eternas en nuestra obediencia, pero lo niegan por distintas razones. Afirman que no es del espíritu evangélico puro, sino del espíritu mercenario y servil, decir que debemos servir a Dios incluso si no hay cielo, ni infierno, ni recompensas, ni castigos. Para ilustrar esto, menciono la supuesta historia de una mujer que llevó fuego en una mano y agua en la otra. Otra la conoció y le preguntó que pensaba hacer con sus dos cargas. Ella respondió: con esta agua voy a apagar todos los fuegos del infierno, y con este fuego quemaré todas las alegrías del cielo, para que yo pueda servir a Dios ni por temor al castigo ni por esperanza de recompensa, sino pura y exclusivamente por sí mismo. Ella mostró buenas afecciones, pero como veremos a continuación, carecía de claras percepciones del cielo y de la gloria. Si hubiera concebido bien de esa gloria, no habría hablado de esta manera; porque no hay nada en el cielo con el que un alma glorificada necesite participar; no hay nada allí que necesite ser quemado; no hay nada más que Dios en gracia y gloria, como explicaré en breve.

Hay otra opinión que algunos expresan, que es que un

hombre piadoso puede realizar deberes y caminar en el camino de la obediencia con la mira en la recompensa. Pero esta opinión es tan modificada, tan atenuada, que es una maravilla que cualquiera debería ofenderse en ella. Sugiere que, aunque tengamos la mira en el cielo y en la gloria y en nuestra salvación, estos no deben ser los motivos supremos y primarios de nuestra obediencia sino solo secundarios e inferiores. Además, no deben ser mantenidos a solas, sino en conjunción con la gloria de Dios; no absolutamente, sino subordinadamente a esa gloria.

Fue dicho por un santo del antaño: "no el cielo, Señor, sino Dios y Cristo. Más bien diez mil veces Cristo sin el cielo, que el cielo sin Cristo. Pero viendo que te has reunido, para que no pueda disfrutar uno sin el otro, entonces dame ambos, oh, Señor; pero no Cristo para el cielo, sino el cielo, oh, Señor, para Cristo." Y San Agustín ha dicho: "no te ama, oh, Señor, el que ama algo delante de ti, que no ama a causa de ti".

Ciertamente el cielo y la gloria no deben ser ni el único ni el supremo fundamento ni los fines de nuestra obediencia, aunque los miremos para animarnos en nuestro andar y en nuestra conducta. No deben ser la razón de nuestro movimiento. Deberíamos considerarlos como refrigerio en el camino, pero no como la razón por la que emprendemos el viaje. La expresión del apóstol puede servir para indicarnos esto: "puesta la mirada en el galardón" (Heb 11:26). El griego no es *blepo* (mirar), sino *apoblepo* (mirar desde o a partir de). Él "echó un ojo" cuando estaba en su viaje, para animarle en su camino y para darle aliento, para que no pensara en las grandes cosas que se había negado y para que la carne no comenzara a decirle lo duro que se había esforzado. Por esta razón roba una mirada de gloria y echa un ojo a la recompensa. Por este medio renueva su fuerza y recibe un nuevo y fresco estímulo para continuar su viaje. No hace de esto una razón por la que emprende el viaje, sino solo un medio para acelerarle en su camino. No es la fuente principal de su movimiento, sino el aceite a las ruedas para que pueda mover más alegremente.

Algunos son los que distinguen entre los nuevos creyentes y los cristianos maduros. En la primera entrada del alma a los caminos de la gracia, dicen, un hombre mira al cielo y al infierno, para sacarle del pecado, el otro para persuadirlo y atraerlo a los caminos de la santidad. Pero una vez que un alma ha entrado verdaderamente en las formas de vida, encuentra tanta dulzura en Dios y en sus caminos, que ahora sirve a Dios con un espíritu más libre y puro. Como dijeron los samaritanos, "ya no creemos solamente por tu dicho, porque nosotros mismos hemos oído, y sabemos que verdaderamente éste es el Salvador del mundo, el Cristo" (Jn 4:41-42). De manera similar, se dice: "ahora te servimos, no por miedo al castigo, ni por esperanza de recompensa, sino porque vemos tal belleza en ti mismo, tal dulzura en tus maneras, que, si no había otro cielo, entonces esto sería cielo suficiente".

El caso del hijo pródigo parece apoyar este argumento (Lucas 15). Cuando primero fue despertado y convencido de su pecado y su miseria, dijo: "me levantaré e iré a mi padre, y le diré: Padre, he pecado contra el cielo y contra ti. Ya no soy digno de ser llamado tu hijo; hazme como a uno de tus jornaleros". Quería ser un siervo. Pero más tarde, cuando vino a su padre, y vio su misericordia e indulgencia, cómo corrió a encontrarse con él y lo abrazó, deja de hablar de ser un jornalero. Ahora fue vencido por el amor, y por lo tanto solo recuerda la maldad que ha hecho, y se aborrece por ella, diciendo, Padre, he pecado contra el cielo y ante ti. Y no vuelve a mencionar a los jornaleros.

Así, también es con el alma del creyente. Cuando es despertado por primera vez para ver el pecado, y la miseria por el pecado, dice: "oh, hágame como uno de tus jornaleros". El miedo al infierno y el deseo del cielo son sus dos grandes fuentes de acción. Pero una vez que el hombre llega a Cristo y a la promesa, una vez que ha probado la misericordia de Dios al perdonarle y la bondad de Dios al recibirle, entonces cae y se aborrece a sí mismo, como dice el profeta que le sucedió a aquellos sobre quienes Dios estableció las promesas (ver Ez 36:31). Y ahora lo único que desea es servir a Dios por quien es. Percibe tanta belleza en él, ha probado tanta misericordia mostrada por él que si tuviera la fuerza de un ángel sería demasiado poco para presentarle. Nada de lo que es suyo - la sangre en sus venas, la vida que surge a través de sus extremidades, su alma, su espíritu - es demasiado querido para ser ofrecido a su servicio. La única pregunta ahora es, no, ¿qué me dará Dios? Pero más bien, ¿qué le puedo dar yo a Dios? ¿Qué le voy a dar al Señor por toda su bondad? El hombre está dispuesto a pasar por el mar y por el desierto, por cualquier dificultad y por cualquier deber. Todo lo que él puede hacer está infinitamente lejos de lo que su corazón y buena voluntad le daría a Dios. Todas sus expresiones se quedan cortas de sus afectos hinchados. Y aunque Dios no hiciera una cosa más por él, su corazón quema con tal afecto por Dios que él considera todo lo que puede hacer por Dios tan solo una pequeña parte de lo que desearía hacer.

En respuesta a esta tercera parte de nuestra pregunta sobre si un hombre cristiano no puede hacer el deber con la mira en la recompensa, es decir, con un ojo al cielo y a la gloria, respondo afirmativamente, y en oposición a la opinión contraria, declararé y probaré las dos siguientes proposiciones: (1) que podemos obedecer a Dios con respecto al cielo y la gloria, y (2) que podemos tener la mira en el cielo y en la gloria en nuestra obediencia. Me esforzaré por establecer estas dos proposiciones, aunque no sobre los fundamentos ya anotados. Me haré cargo de establecerlas sobre fundamentos espirituales y verdaderos y mostraré en donde difiero de los argumentos dirigidos en contra de ellas en la parte anterior de nuestra investigación.

Proposición I: Que es lícito que los cristianos obedezcan a Dios con la mira en las recompensas eternas - el cielo y la gloria

Al examinar esta pregunta, encuentro que aquellos que han mantenido la opinión contraria han basado esa opinión en falsas concepciones del cielo y la gloria. Sus pensamientos sobre el cielo han sido demasiado bajos y carnales. Probablemente estos pensamientos bajos han surgido de la consideración de que no deben tener ojo al cielo en su obediencia. Ya he tratado con el significado de "echar el ojo a la recompensa", así que puedo proceder con la explicación de lo que realmente significa el cielo y la gloria.

Si separamos del cielo lo que un corazón carnal concibe como el cielo, entonces lo que queda es la concepción del cielo de un hombre piadoso. Los hombres carnales conciben el cielo en términos carnales. Lo ven como un lugar donde hay libertad de toda miseria y donde hay una plenitud de todos los placeres y felicidad. Pero los placeres y la felicidad, la libertad y el disfrute los definen según la carnalidad de sus corazones naturales. En efecto, es un cielo turco, pero no es un cielo cristiano. Ciertamente tenemos el cielo descrito en términos suntuosos en las Escrituras (Ap 21:18-19). Las paredes son de jaspe, la ciudad es oro puro, los cimientos están adornados con todo tipo de piedras preciosas, la primera fundación es de jaspe... y las doce puertas son doce perlas. Así es que Dios se complace en revelarla, como si tentara a un mundano, e incluso a un sentido corrupto que nunca llegará allí, para buscar el disfrute de ella.

Hay que entender bien que esto se habla a modo de metáfora, porque la gloria del cielo no puede ser descrita como realmente es. Por lo tanto, Dios condesciende a nuestra debilidad y describe el cielo y la gloria por medio de cosas que los hombres saben que son preciosas. No es que tengamos que concebir que el cielo es tal cosa o que hay tal cosa hay en el cielo. Si un hombre piensa así, estropeará su cielo antes de que lo haya hecho.

Dios no tiene necesidad de estar en deuda con piedras, incluso piedras preciosas, para hacer que el cielo sea glorioso más de lo que el sol tiene necesidad de estar en deuda con las estrellas para hacer el día. Dios mismo llena el cielo de gloria y lo hace infinitamente glorioso. Dios en el cielo es la gloria del cielo. ¿De qué sirven las piedras preciosas en el cielo a aquellos que son todo espíritu y gloria? Estas cosas no le interesan al hombre piadoso mientras él está en la tierra. No les pone mucho valor. Puede pisotear oro y plata, perlas y diamantes. Y si su espíritu ignora estas cosas aquí, ¿de qué le servirán en el cielo? Estos son de gloria menor comparada con la gloria más sublime en el cielo. Cada vez que un cristiano pone sus ojos en el cielo, se revelará una gloria mucho mayor de las cosas más sublimes de la tierra. Cada alma glorificada será más gloriosa que el sol en su gloria. ¡Ay, qué son las piedras preciosas sino piedras de guijarros a comparación con la gloria de un santo glorificado!

Concedo, entonces, que por recompensas eternas se entiende lo que debe ser el máximo del deseo de un alma renovada y santificada. Algunos otros escritores han escrito sobre este asunto excelentemente, y por ello no me es menester ampliar más. Es, en resumen, el fruto y el deleite de Dios; el deleite de Cristo, que es la perla de gran precio; el deleite del Espíritu, el verdadero consolador; es la perfección y la plenitud de la gracia; es un Sábado eterno, un reposo en Jehová, en quien hay todo reposo. Es un reposo después de la peregrinación. Todo el esfuerzo de la tierra se intercambia por el pleno reposo en el cielo. Dios es el centro del cristiano, su lugar de reposo, su glorioso descanso. Aquí el reposo y la gloria rara vez se encuentran; en el cielo se conjugan perfecta y eternamente.

¿No parece entonces que un cristiano puede realmente desear todo esto? ¿No puede mirarlo todo en su servicio y obediencia?

¿No podemos desear y tener en cuenta el disfrute de Dios en nuestro servicio? David podría decir, "¿A quién tengo yo en los cielos sino a ti? Y fuera de ti nada deseo en la tierra" (Sal 73:25). El deleite en Dios llega a su cúspide en el cielo. Ser traído a Dios por Cristo es el privilegio más alto que un cristiano puede disfrutar (1 P 3:18). ¿Y no podemos tomarlo en consideración aquí en la tierra? Ciertamente, cuanto más respeto tenemos al deleite en Dios en nuestra obediencia, más noble será nuestra obediencia. Entre más atención prestemos al deleite en Dios al cumplir el deber, más nobles serán nuestros espíritus en el deber. Y en la oración y el cumplimiento del deber, ¿no esperamos tener una pequeña comunión con Dios y Cristo mientras nos involucramos en ellos? Sin esta consideración, nuestros deberes no son sólidos. ¿Y no es correcto servir a Dios, y en ese servicio echar un ojo al pleno deleite y comunión con Dios que llegaremos a conocer en el cielo? Sostener la opinión contraria es absurdo.

¿Y no podemos tener en cuenta el deleite en Cristo mientras seguimos a Dios y a Cristo en los caminos de la santidad? No es que podamos comprarlo por nuestra obediencia, sino que correr a él en nuestra obediencia y caminar en sendas de servicio con la esperanza de que en ella podamos disfrutar a Cristo; no como el mérito de nuestro servicio, sino como el propósito de nuestro servicio.

Además, ¿no podemos desear también al Espíritu de Dios, que es el único Consolador? Y ¿no podemos servir a Dios con respecto al disfrute de aquel que nos consuela y nos santifica? Él está ahora en nosotros, y de aquí en adelante estaremos en él. Esta es la preocupación de la gloria, tal como fue experimentada por Juan quien dijo: "yo estaba en el Espíritu en el día del Señor" (Ap 1:10).

¿Y no podemos obedecer a Dios y servirle con respeto a la perfección y a la plenitud de la gracia aún por venir? Si le servimos aquí con ojos a las adiciones de gracia que nos envía, ¿no le obedeceremos con respecto a la plenitud de la gracia que aún no se nos ha concedido? ¿Es correcto orar ahora, participar en las ordenanzas y en todos los caminos del deber, confiando en que así podamos obtener un poco más de gracia, un poco más de fe, de amor y de quebrantamiento de corazón? Si es así, ¡cuánto más podemos servir a Dios y obedecerle con respecto a la plenitud y la perfección de la gracia en un día venidero! Esto es por lo que oramos y en lo que esperamos - la perfección y la satisfacción plena. "En cuanto a mí, veré tu rostro en justicia; Estaré satisfecho cuando despierte a tu semejanza" (Sal 17:15). Y ciertamente, lo que es la satisfacción de los santos en el futuro es el deseo de los santos en el presente. Lo que anhelan como su satisfacción en todo su servicio, puede verse ahora como el deber en todo servicio. Seguramente es nuestro deber echar un ojo a la comunión con Dios y con Cristo, a nuestro crecimiento en gracia al realizar nuestro servicio y obediencia.

Además, ¿no podemos tener la esperanza de un perfecto descanso mientras cumplimos el deber? ¿Qué es sino un reposo? ¿No es el reposo el fin de todo el trabajo? ¿No conduce el trabajo al reposo? Y ¿no es esto un reposo, un descanso del pecado, un descanso en Dios, un descanso con alabanza, una admiración y glorificación de Dios para toda la eternidad? Y ¿no podemos trabajar en la esperanza y expectativa de alcanzar este reposo? ¿No podemos servir con la mira en tal descanso? Allí descansaremos para siempre y nunca jamás pecaremos. Descansaremos en servicio, descansaremos en Dios. "Por tanto, no desmayamos; antes, aunque este nuestro hombre exterior se va desgastando, el interior no obstante se renueva de día en día" (2 Co 4:16).

Dime ahora, ¿no podemos servir a Dios con respecto a las recompensas eternas? ¿No puede un cristiano servir a Dios con respecto a estas cosas? ¿Es un cristiano aquel que no tiene en cuenta estas bendiciones prometidas en su servicio? Porque ¿qué es la salvación? Y ¿qué es el cielo y qué es la gloria, sino todo esto? Me pregunto qué piensa una persona del cielo, de la gloria y la salvación, cuando dice que no debemos echar un ojo a estas cosas, ni tener respecto a ellas en nuestra obediencia. Ciertamente piensa en ellos bajo pretensiones falsas. Sus pensamientos no son pensamientos de Dios. Las mira como las mira el mundo, carnalmente, no espiritualmente. Nadie tendrá el cielo como su felicidad que no lo considere en su servicio. El apóstol parece implicar tanto como esto en 2 Co 4:18: "no mirando nosotros las cosas que se ven, sino las que no se ven; pues las cosas que se ven son temporales, pero las que no se ven son eternas". Esto implica que hacemos de las cosas que no se ven nuestra ambición y objetivo. Y si es así, entonces ciertamente podemos tener la mira en ellas. Nos ha de dar vergüenza imaginarnos un cielo que el hombre piadoso no puede anhelar y anclar su interés al cumplir su servicio. Si hablamos del cielo de una manera abstracta, no es más que una idea. Una idea nunca puede hacer al hombre feliz. Pero si hablamos del cielo como el lugar donde estaremos con Dios y encontraremos nuestra salvación completa en Dios, entonces el cielo se convierte en nuestra felicidad y también en nuestra santidad. De esta manera, los cristianos pueden superar esas dudas que suelen ser el resultado de un espíritu celoso y desalentador.

Pero, aun así, puede haber algunos cristianos que obran con mayores dificultades. Ah, alguien dirá, me temo que mi servicio es hipócrita y anclado en el amor propio, porque me apunto a mí mismo. Yo hago servicio con respecto al cielo y a la gloria. Respondo: nunca leímos que Dios acusara a algún creyente como hipócrita por echar un ojo al mundo por venir. De hecho, ha acusado a aquellos que han echado un ojo a este mundo presente y a las cosas terrenales; como dijo a los israelitas: "y no clamaron a mí con su corazón cuando gritaban sobre sus camas; para el trigo y el mosto se congregaron, se rebelaron contra mí" (Os 7:14). Pero nunca ha acusado a un alma con doble mente que echaba un ojo al cielo y la gloria.

Les amonesto lectores a concebir del cielo bajo la noción correcta; a tener pensamientos correctos del cielo; a mirar el cielo como lo he expuesto. El cielo de un cristiano, como lo he descrito, puede ser la base y el motivo del cristiano en toda su obediencia. Cuanto más miremos la recompensa del cielo como he descrito aquí, más espiritual y celestial seremos. En esto nos ayudamos a ser la mejor versión de nosotros; una versión de nosotros, no en oposición a Dios ni separados de él, sino una versión de nosotros en comunión con Dios. Nos perdemos en Dios para encontrarnos en él.

Pero algunos cristianos se preocupan por otros detalles. Dicen, me temo que mis deseos no son verdaderos, porque no deseo gracia por su valor intrínseco, sino que deseo gracia por gloria, gracia por el cielo. Respondo como antes: conciba bien del cielo. No lo mire con un ojo carnal, como un lugar de libertad de las miserias que siente y como un lugar de disfrute de la felicidad y de los placeres que anhela. Pero mírelo como un lugar donde tendrá comunión con Dios, disfrute de Cristo, perfección y plenitud de gracia, libertad de todo pecado y corrupción e imperfección espiritual. Haga esto, y no pecará en desear gracia para el cielo. Si echa un ojo a la gracia y el cielo como dos cosas diferentes, puede errar en desear la gracia para el cielo. Pero si mira el cielo como la plenitud de la gracia, entonces puede desear la gracia para el cielo. Puede desear la gracia aquí como el principio del cielo, como el fervor de la gloria, y como lo que le dará derecho a la perfección y a la plenitud de la gloria de aquí en adelante.

En resumen, entonces, el que desea la gracia simplemente para gloria, y mira esa gloria como algo muy diferente de la gracia, tiene deseos que no son correcto. Pero se puede desear la gracia con respecto al cielo mientras se desea el cielo con respecto a la gracia. Cuanto más agrandados sean tales deseos, más llenos de gracia y espirituales serán los principios. La posición ha sido bien resumida por un autor en las palabras: "la santificación es gloria en la semilla; la gloria es la santificación florecida".

Proposición 2: Los cristianos no solo pueden echar un ojo al cielo y gloria en su obediencia, sino que deben hacerlo.

Vengo a mostrar que los cristianos no solo pueden, sino que deben, tener respecto al cielo y la gloria en su obediencia. No es solo *pueden*, sino *deben*. Puede obedecer a Dios con respecto al cielo, pero debe echar un ojo al cielo en la obediencia. Dios nos ha instado a fortificar nuestros corazones contra el miedo a los problemas terrenales y a guardar nuestros corazones del sentido de cualquier calamidad. Hay que notar que cuando Cristo deseaba armar a sus discípulos contra todos los miedos y males que pudieran encontrarse en esta vida, enfatiza la verdad que Dios quiere darles un reino: "no temáis, manada pequeña, porque a vuestro Padre le ha placido daros el reino" (Lc 12:32). Trae el puerto al mar, el descanso al trabajo, la gloria al problema; y esto nos anima a sobrellevarlo todo. Si no respetamos esta fuente de ánimo, escatimamos la misma palabra del Señor. Pues escatimar los consuelos de Dios es pecado (Job 15:11). Dios nos da consuelo y ánimo para ayudar a la fe contra el sentido, para proveer la fe con argumentos contra los razonamientos de la carne, y para fortalecernos en las angustias que el mundo nos trae.

Los santos son ayudados así en sus batallas más feroces. Ya hemos visto cómo Moisés fue ayudado al sufrir aflicción con el pueblo de Dios. ¿No buscó la recompensa? Esa gloria y felicidad por venir, que le fue hecha real y visible en este mundo presente, lo animó a rechazar toda la grandeza de Egipto. Hizo que todos los tesoros de la tierra fueran demasiado poco para su espíritu, y su espíritu demasiado grande para ser intimidado por los desalientos del mundo.

Era lo mismo con el apóstol Pablo. Estaba preocupado en todo, pero trabajó y no se desmayó: ¿por qué? Porque (como él dijo) "porque esta leve tribulación momentánea produce en nosotros un cada vez más excelente y eterno peso de gloria; no mirando nosotros las cosas que se ven, sino las que no se ven; pues las cosas que se ven son temporales, pero las que no se ven son eternas" (2 Co 4:17-18). Así vemos de donde el apóstol obtuvo fuerza y aliento para sobrellevar todos sus problemas y angustias. Miró por encima de las cosas que se ven, y consideró aquellas cosas que no se ven.

Para ser breve: ¿Caminaría con alegría y gratitud? ¿Sería fuerte para hacer y para sufrir? ¿Se sometería a todas las disposiciones de Dios? ¿Se regocijaría en sus sufrimientos? Si hiciese estas cosas, debe tener la mira en la recompensa. Hablaré brevemente de cada uno de estos puntos.

¿Caminaría con gratitud? Si consideramos bien el asunto, nos daremos cuenta de que aun en nuestra condición más miserable podemos rebozar en alabanza. Escucha al apóstol irrumpir en alabanza: "bendito el Dios y Padre de nuestro Señor Jesucristo, que según su grande misericordia nos hizo renacer para una esperanza viva, por la resurrección de Jesucristo de los muertos" (1 P 1:3). De hecho, tales pensamientos nos llenan del cielo y de la gloria, y nos hacen irrumpir en canciones de acción de gracias por su gran bondad "con gozo dando gracias al Padre que nos hizo aptos para participar de la herencia de los santos en luz" (Col 1:12).

¿Caminaría alegremente? ¿Estaría lleno de alegría y comodidad en medio de todas sus tristes condiciones? ¿Se alegraría en las tribulaciones? Entonces considera las cosas del cielo a las que todas estas cosas te están moviendo: "porque de los presos también os compadecisteis, y el despojo de vuestros bienes sufristeis con gozo, sabiendo que tenéis en vosotros una mejor y perdurable herencia en los cielos" (Heb 10:34). Se dice de César, que cuando estaba triste, solía decir a sí mismo: "piensa que eres César". Si César pensaba que su grandeza terrenal era suficiente para soportar su corazón en cualquier problema, ¡cuánto más debería la consideración de las grandes cosas reservadas para nosotros animar nuestros corazones y confortar nuestros espíritus, no importa cuán triste sea nuestra condición! El que vive mucho en los pensamientos del cielo, vive mucho la vida del cielo, es decir, con gratitud y alegría.

Los filósofos dicen que si los hombres vivieran por encima de la segunda capa de la atmósfera vivirían por encima de todas las tormentas, porque no hay nada que se encuentre allí sino serenidad y claridad. Es verdad de aquellas almas que pueden vivir en el cielo que tienen descanso del trabajo, calma en medio de tormentas, tranquilidad en tempestades, y comodidades en medio de sus mayores angustias.

¿Seremos fuertes nosotros para hacer la voluntad de Dios? Las mismas consideraciones nos darán fuerza y aliento. El apóstol nos estimula: "y todo lo que hagáis, hacedlo de corazón, como para el Señor y no para los hombres; sabiendo que del Señor recibiréis la recompensa de la herencia, porque a Cristo el Señor servís" (Col 3:23-24). Asimismo, en 1 Co 15:58: "así que, hermanos míos amados, estad firmes y constantes, creciendo en la obra del Señor siempre, sabiendo que vuestro trabajo en el Señor no es en vano". Se puede leer pensamientos similares en 2 P 1:10-11 y 3:14.

¿Quiere ser capaz de sufrir y aun así regocijarse? Las consideraciones del cielo y de la gloria le animarán a que sea habilitado para sobrellevar todas las pruebas. Vemos esto en Moisés, como ya he explicado. Lo vemos en los primeros creyentes, como leemos en Hebreos, capítulo 11. A lo que podría añadir muchos más. Es el hombre que mira el cielo y la gloria que es capaz de caminar con seguridad en todos los lugares. Mientras Pedro mantenía los ojos en Cristo, caminaba con seguridad sobre un mar tormentoso y tempestuoso, pero cuando quitó los ojos de Cristo y miró el rugir del mar, entonces comenzó a hundirse. Mientras que tengamos un ojo sobre cosas eternas, somos capaces de caminar en el mar más tempestuoso, y de atravesar cualquier tormenta y aflicción; pero una vez que quitamos la mirada de Cristo y del cielo, entonces ni el problema más pequeño podemos soportar. Fue dicho por Basilio: "no me importa nada, visible o invisible, si no puedo obtener a Cristo. Que venga el fuego, que venga la cruz, que venga la ruptura de los huesos, y que los tormentos del diablo vengan sobre mí, si tan solo a Cristo puedo conseguir". La consideración de Cristo y del cielo puesta en él hizo que fuera capaz de sobrellevar todos los males del mundo. Esto es cierto, que el que considera el peso eterno de la gloria no pensará en las aflicciones del mundo, que son sino por un momento. El que ve visiones de gloria será como Esteban, quien fue capaz de soportar una lluvia de piedras. El que considera la eternidad como su meta, no duda en atravesar todos los problemas del camino. Dijo Séneca: "el que tiene la eternidad en mente no se arrepentirá de lo arduo del camino".

¿Se sometería a todas las disposiciones de Dios? Las consideraciones del cielo y la gloria harán que el creyente se someta a cualquier cosa aquí. Puede contentarse con ser pobre, porque sabe que será rico; con ser reprochado, porque sabe que será honrado; con ser afligido, porque sabe que será consolado; con ser encarcelado, porque sabe que será llevado a un lugar grande; con sentarse a la puerta del dolor, porque sabe que descansará en el seno de Abraham; con perder todo, porque sabe que encontrará todo lo que está más allá. Dios será todo, y más que todo, para él. Él sabe que las pruebas son pasajeras. De aquí en adelante, sin embargo, los abrazos serán eternos. Él puede someterse a Dios para que haga su propia obra, y para que la haga a su manera, y después de su propia manera, si así fuera él lo traerá a la gloria por fin. Y él puede decir: bienvenido a ese dolor que presagia la alegría, ese problema que termina en consuelo, aquellas cruces que apuntan a coronas, y esa muerte que abre la vida eterna. Y todo esto puede hacerlo considerando las cosas grandes y gloriosas que Dios ha reservado para él. Por lo tanto, vemos la necesidad de tener respeto al cielo y gloria en nuestra obediencia.

Capítulo 8
Obediencia a los hombres

Pregunta VI: ¿Son liberados los cristianos de la obediencia a los hombres?

Dos tipos de sujeción

Antes de responder a esta pregunta, debo decir que algunos lugares en las Escrituras parecen indicar que la obediencia a los hombres es inconsistente con la libertad cristiana. Encontramos en la Escritura (como mostré al principio de este tratado) una exhortación doble: (1) que el hombre no debe enseñorearse sobre otros y (2) que no debe estar en servidumbre. Así leemos en Mt 23:9-10: "y no llaméis padre vuestro a nadie en la tierra; porque uno es vuestro Padre, el que está en los cielos. Ni seáis llamados maestros; porque uno es vuestro Maestro, el Cristo". Santo Tomás de Aquino comenta sobre este versículo: "a los hombres se les prohíbe dirigirse a los gobernantes como atribuyéndoles una supremacía que se iguale al gobierno de Dios". Leemos también en 1 Co 7:23: "por precio fuisteis comprados; no os hagáis esclavos de los hombres", lo que indica que no hemos de ser expuestos a la servidumbre.

Por otro lado, y aparentemente en contradicción con esto, leemos en Ro 13:1: "sométase toda persona a las autoridades superiores; porque no hay autoridad sino de parte de Dios, y las que hay, por Dios han sido establecidas". Y de nuevo en 1 P 2:13-16: "por causa del Señor someteos a toda institución humana, ya sea al rey, como a superior, ya a los gobernadores, como por él enviados para castigo de los malhechores y alabanza de los que hacen bien. Porque esta es la voluntad de Dios: que, haciendo bien, hagáis callar la ignorancia de los hombres insensatos; como libres, pero no como los que tienen la libertad como pretexto para hacer lo malo, sino como siervos de Dios".

Ahora bien, ¿cómo reconciliaremos estos dos tipos de Escrituras? Uno dice: "no seáis siervos de los hombres"; el otro dice: "sométase a toda ordenanza del hombre por el bien del Señor". Pero el significado es que debemos someternos a la autoridad del hombre de tal manera que no neguemos la libertad cristiana que tenemos en Cristo. Y debemos mantener nuestra libertad cristiana de tal manera que no descuidemos nuestro deber cristiano, como si excusáramos nuestra libertad. Preséntense, dice el apóstol, como libres y no como esclavos. Pero sométanse como libres. No enseña ninguna sumisión que contradiga la libertad cristiana.

En resumen, entonces, hay una doble sujeción al hombre: (1) hay una sujeción que puede ser rendida con la preservación de nuestra libertad cristiana y (2) hay una sujeción que no puede ser cedida sin una negación de ella. El primer tipo está implícito en los versículos que acabo de citar en Romanos y 1 Pedro, el segundo en los versículos de Mateo y 1 Corintios. El uno se refiere a la sujeción del hombre exterior en las cosas lícitas; el otro se refiere a la sujeción del hombre interior, el alma y la conciencia, y en las cosas ilícitas. El uno es un sometimiento subordinado, un sometimiento en subordinación a Dios, y así "por el Señor", como dice Pedro. El otro es una sujeción absoluta, una sujeción de nuestras almas y conciencias, por el bien del hombre. A la autoridad del hombre podemos estar sujetos con respecto al hombre exterior en asuntos legales. Pero para nuestras almas y conciencias, no tenemos padres y maestros, sino solo nuestro Padre y Maestro en el cielo.

Vemos ambas posiciones claramente si comparamos a Mt 23:10 con Ef 6:5 que dice: "ni seáis llamados maestros; porque uno es vuestro Maestro, el Cristo". Y el otro: "siervos, obedeced a vuestros amos terrenales con temor y temblor, con sencillez de vuestro corazón, como a Cristo". Aquí se hace la distinción entre maestros según la carne y maestros según el espíritu. El primero pertenece al hombre exterior en asuntos exteriores. Pero en la tierra no tenemos maestros según el espíritu, ninguno a quien debemos someter nuestras almas y conciencias, sino solo a Cristo. En este sentido, no tenemos padre, así que no tenemos amo sobre la tierra.

Obediencia al magistrado civil

Pero se puede objetar: ¿no es lícito que un magistrado imponga acciones a los hombres que se refieran a sus conciencias? Respondo: no es lícito que un magistrado imponga nada sobre un cristiano que no sea lícito a los ojos de Dios; es decir, no se permite que el magistrado establezca una autoridad contra la autoridad de Cristo, el poder del hombre contra el poder de Dios. Pero un magistrado puede requerir aquellas cosas que son claramente reveladas como la voluntad de Dios. En esto obedecemos a Dios en el hombre, y no tanto al hombre como a Dios. En este caso podemos decir como dijeron los samaritanos: "ahora creemos, no por tus dichos, sino porque lo hemos oído nosotros mismos".

Yo concedo que puede haber una distinción entre los maestros supremos y los maestros subordinados; y entre la sujeción que se le da a un maestro que está sujeto a otro, y la obediencia que se le da a uno que es supremo y absoluto. Esos son maestros subordinados a quienes obedecemos para poder obedecer una autoridad superior; y aquellos son maestros supremos en quienes descansa la obediencia y en quienes finalmente se resuelve. La doctrina romana requiere una sumisión absoluta a la autoridad de la iglesia, una autoridad que ni los hombres ni los ángeles pueden usurpar sin traicionar a Jesucristo. Dice Bellarmine: "Eres ignorante e incapaz; por lo tanto, si quieres ser salvo, no hay otro curso abierto sino hacer obediencia ciega a nuestra autoridad". Repetimos que es traición que cualquiera usurpe esta autoridad y es malvado quien se rinda a ella. Dios no permite a un maestro supremo, ni obediencia absoluta, en cosas temporales, sino que nos requiere servir a los hombres en subordinación a Cristo (Ef 6:7 y Col 3:23-24), mucho menos permitirá un maestro supremo en las cosas espirituales. Ciertamente, es la cima de la esclavitud y servidumbre ceder nuestras conciencias a la voluntad de cualquier hombre o entregar nuestros juicios para ser dispuestos por las sentencias y determinaciones de otros. Pero en el otro sentido yo concibo que los hombres pueden ser maestros, y que podemos estar sujetos a ellos en subordinación a Dios y a Cristo.

En el Antiguo Testamento se establece claramente el carácter subordinado de obediencia en las cosas espirituales. El pueblo estaba obligado a obedecer a los magistrados cuando ordenaban obediencia a lo que Dios había mandado, y a obedecerlos, no como si fueran tipos de Cristo, sino como magistrados temporales y como defensores de la adoración de Dios. Algunos han imaginado que el poder de los magistrados debería de haber cesar cuando Cristo vino, ya que él es el gran Rey de su iglesia y la única fuente de autoridad sobre su pueblo, pero no lo concedo. Yo concibo que un magistrado, sin ninguna violación de la autoridad de Cristo, o violación de la libertad de conciencia del cristiano, puede exigir que se obedezcan aquellas cosas que se revelan claramente como la voluntad y la mente de Cristo. Sin embargo, en esto no es más que un subordinado, y Cristo es la autoridad suprema. El magistrado nos dice la voluntad de Dios, no su propia voluntad. Nos dice que es su voluntad, también, pero solo porque es la voluntad de Dios primero.

Pero se puede objetar de nuevo que, aunque un magistrado puede ordenar o imponer cosas que son claramente evidentes en acorde con la mente de Cristo, sin embargo, es posible que él busque imponer cosas de obligación más dudosa. Respondo que hay que preguntar si las cosas impuestas son dudosas en sí mismas, o sólo dudosas para mí. Si de hecho son dudosas en sí mismos, yo humildemente concedo, o que no deben ser impuestas en absoluto, o de otra manera que sean impuestas con toda ternura. Pero si son dudosas para mí, todavía pueden ser legalmente impuestas, aunque todavía no legalmente obedecidas por mí.

Lo que quiero decir es esto: como algunas cosas pueden ser obedecidas legalmente que no son impuestas legalmente, hay también algunas cosas que pueden ser impuestas legalmente pero no obedecidas legalmente. La orden de Ezequías de romper la serpiente de bronce cuando encontró que los hombres la idolatraban, era una orden legal que podría imponerse legalmente; y sin embargo, si hubiera habido algunos que tenían pensamientos reverenciales de ella, como una cosa que había sido establecida por Dios, que había sido famoso en el desierto, y además que era un tipo de Cristo, y, por lo tanto, que dudaba de si era correcto obedecer el mandato del rey, digo, en este caso no podría haber sido legalmente obedecido aunque la destrucción de la serpiente de bronce fuera legalmente ordenada por Ezequías.

Ciertamente, hay muchas cosas que pueden ser ordenadas; y si tenemos respeto meramente a las cosas ordenadas, pueden ser obedecidas legalmente; pero si tenemos respeto a la persona que se requiere obedecer, puede ser ilegal que él obedezca. En este caso, un hombre puede pecar haciendo, porque tiene una mala conciencia en el asunto, y puede pecar no haciendo, porque es culpable de desobediencia.

Con esto concluyo mi respuesta a esta sexta y última pregunta de nuestra examinación.

Los verdaderos límites de la libertad cristiana

www.ingramcontent.com/pod-product-compliance
Lightning Source LLC
Chambersburg PA
CBHW060602230426
43670CB00011B/1935